U0933956

亲密关系

——成就灵魂伴侣

周丽瑗——著

青岛出版集团 | 青岛出版社

图书在版编目（CIP）数据

亲密关系：成就灵魂伴侣 / 周丽瑗著. – 青岛：青岛出版社，2020.1
ISBN 978-7-5552-8947-0

Ⅰ. ①亲… Ⅱ. ①周… Ⅲ. ①婚姻 – 通俗读物 Ⅳ. ① C913.13-49

中国版本图书馆 CIP 数据核字 (2020) 第 019205 号

书　　名　亲密关系——成就灵魂伴侣
著　　者　周丽瑗
出版发行　青岛出版社
社　　址　青岛市海尔路 182 号（266061）
本社网址　http://www.qdpub.com
邮购电话　0532-68068091
责任编辑　尹红侠
特约编辑　于海朋　付　婷　刘　莎　袁俊颖
装帧设计　祝玉华
照　　排　光合时代
印　　刷　三河市紫恒印装有限公司
出版日期　2020 年 8 月第 1 版　2023 年 12 月第 2 版第 3 次印刷
开　　本　32 开（850mm × 1168mm）
印　　张　9.5
字　　数　230 千
书　　号　ISBN 978-7-5552-8947-0
定　　价　55.00 元

编校印装质量、盗版监督服务电话 4006532017　0532-68068050

在关系中学会爱自己，才是亲密关系的意义

即使单身潮、离婚潮来得再汹涌，每个人的心底也依旧渴望拥有幸福的亲密关系。无论是微信公众号还是抖音，很多人关注的问题都集中在如何拥有一段美好的爱情上。到底什么样的人才能拥有好的亲密关系呢?

第一种是好命的人。我观察过很多例子，男人非常霸道强硬，女人并不温柔和顺，但他们就能相安无事地生活在一起。有人会说这不公平，但是显然这种人的人生功课不是在亲密关系上，所以他们能够找到合适的人，舒舒服服地享受亲密关系。

第二种是在亲密关系中不会重复父母模式的人，是德行比较好的人。他们的情商比较高，有情绪的时候，不会将一些不中听的话脱口而出，不会用话语伤人，不会立刻找出口发泄，同时能够自我消化，包容对方。

第三种是非常理性的人。他们在遇到挫折冲突的时候，非常清楚自己想要的结果是什么，会理性沟通，不会被情绪带跑。

你会发现，在这三种人中，有的带有先天的好运，有的则在后天习得了能力。丽瑗的新书所探讨的正是如何拥有好的亲密关系的能力。

被亲密关系所困的女人，往往都困于同一种状况，就是为了浪漫、深情、娇宠，不顾一切地付出、索取，一直在通过对方来体验美好，自己却没有培养出“独自美好”的能力。

丽瑗在书中阐述的理念，我曾多次向读者传达，那就是：亲密关系真正的意义，是让我们在关系中学会爱自己。

正如丽瑗所言：“我们在关系中慢慢发现了更深刻的自己，把婚姻里的任何冲突都看作是自我成长的机会，对方会因为在你身上看到和谐而感动。当不再花时间与自己的安全感较劲，也不把自己的人生搞成战场时，你就学会了为自己的感觉负责。”

学会爱自己，具备给自己创造“一手幸福”的能力，周遭世界才懂得怎么爱你，这是我向我的读者朋友们反复传达的理念。丽瑗是张德芬空间的作者，她分享的许多个案和剖析，都为我们的读者带来了深层的启发和指引，在丽瑗这本讲述亲密关系的书中，让我们和她一起找到获得幸福的秘密。

当学会了内在成长，学会了自我负责时，我们就能活出自己满意的人生。

张德芬

2019 年 8 月

Contents 目录

序言

第一篇
我们的婚姻究竟在哪里出了问题？

第二篇
改变，从心与心的沟通开始

第三篇
与原生家庭和解，重塑幸福生活

第四篇
给孩子一个完美的原生家庭

第五篇
婚姻危机，也是成长的生机

第六篇
如何达到最高境界的亲密关系？

第七篇

如何真正地爱自己？

后记

01

第一篇

我们的婚姻究竟在哪里出了问题？

在爱中修行

爱是折磨人的东西

每一个曾经爱过的人都感受过爱的魔力。深爱时，我与这个人贴得如此之近，没有任何隔阂，既温暖又安全，感觉自己既完整又有活力。那种感觉，就好像天地万物都与我们无关，或者它们都因为我们的爱而有了意义。即使有短暂的分离，彼此内心的牵挂也能转化成奇妙的心灵感应。那一刻，似乎让这一生都有了意义。爱之初，就具有如此的魔性。让人魂不守舍一段时间后，有的爱情会进入无法掌控的阶段，失望、幻灭、痛心，仿佛之前的美好全都是一场幻觉，爱有多美好，痛就有多深。但我们怎么能就此轻易罢手？面对眼前这个满身都是缺点的人，我们觉得自己只是遇人不淑而已，于是不断地恋爱，或者急匆匆地结束一段婚姻，收拾破碎的心情，给自己打满鸡血，再出发寻找下一个真命天子。

当一次次在爱的征途中受挫时，我们会被很多人告知："爱情就是这样的，生活就是如此平淡的。"于是，我们累了，开始停下来休息，有人出于责任和义务进入了婚姻，在婚姻里麻木地生活。

当然，并不是所有人都对美好的爱情丧失信心，还是有很多人去参加各种课程，学习那些可以让爱情永驻的方法，比如，增加性爱的次数，试图融入对方的爱好圈子，或者分开居住，制造激情，等等。不管用什么方法，刚开始都能刺激一下麻木的神经，但又跌到冰点。爱，似乎是在生命中只能燃烧一瞬间的事。

也许我们对爱的持久性过于失望，又不愿意伤害正在为此努力的另一半，我们便自然地学会了欺骗。其实被欺骗的人是我们自己，我们掩饰着自己内心真实的感受，为了不让矛盾和冲突再次发生，不让已岌岌可危的生活彻底崩溃，我们努力让对方感觉到“我很好”“我依然爱你”。但是，身体骗不了人。彼此身体的距离就代表着彼此内心的距离。我们学会了进一步地欺骗自己，在性爱时幻想着他人，好让我们保持激情，可这些都是外部刺激，高潮过后便会出现更多的失望，用性掩盖住的愤怒不断增加，总有一天会爆发出来。

于是，我们真的怕了。我们只能这样劝慰自己：爱，只是人生中难得的体会，拥有过就好。

我们究竟在害怕什么？

在与母亲一次次分离的过程中，我们有可能学会了保护自己。“只要宝宝乖，妈妈就会回来抱我。”有了这样的信念，我们慢慢学会了要符合妈妈说的乖宝宝不能哭的要求，于是我们压抑着自己内心真实的感受，学会了心理防御。在这种情况下，我也许会用某种玩具打发时光，也许会告诉自己，妈妈很辛苦，我要学会体谅妈妈，也许一直幻想妈妈回来后会带给我美味的蛋糕。总之，在很小的时候，面对与母亲的一次次分离，我们已经习惯了用种种方法来让自己免于心碎，但就是不敢直接表达自己因为离开妈妈而产生的愤怒、伤痛、心碎。

这一连串的方法，已经变成了我们生存必备的技能。成年后，在深刻的亲密关系里，我们会有隐约的担忧：如果我不乖，对方就有可能离开我，不让对方离开我的方法，就是不能真实地表达自己的感受。于是，我们继续使用老办法。可怕的是，我们的另一半也是这样干的！

如果这样的话，两个人的心中都会筑起一堵厚厚的墙，将自己的真实感受与外界隔离起来。我们以为隔起来保护自己就不会让爱消失，但正因为如此，爱才会离我们越来越远。可能你的另一半表现得好像不需要任何人的爱，所以你并不知道如何接近他，以为刻意地保持距离就代表对他的爱。你不敢表达真实的愤怒，同时让对方继续压抑自己的恐惧。这就形成了一个恶性循环，好像我们都不需要爱一样，又好像我们都很懂爱一样。

我们是怎么把爱关在心门之外的？不就是因为害怕嘛，害怕一旦真实地表达了自己的感受，就会再次承受小时候妈妈离开自己的伤痛。那种痛实在太厉害了，以至于我们在成长的过程中，每遇到一次类似的事件，就把心门加厚一层，于是一层又一层，直到垒起了高墙。我们曾幻想和尝试在最深的亲密关系里拆除这堵高墙，但在尝试几次后，觉得太不安全，只能继续在墙上垒砖。

我们争吵是为了什么？

我们并不是在一开始就垒起高墙的，而是先开始争吵，就像所有的情侣和夫妻一样，我们争吵是为了改变对方，为了把对方改造得跟自己当初想的那样，或者是为了把我们两个人之间的问题解决掉。很多情侣和夫妻的感情基础很好，在大吵一架后，感情往往还能回到最初，但我们渐渐地发现，老问题依然存在，于是下一轮的争吵又开始了。就这样，在没完没了地吵架之后，我们厌倦了如此激烈的表达方式。

其实我们争吵的核心并不是那些问题，而是问题背后掩藏的需要。

你知道自己的需要吗？

被尊重、被欣赏、被理解、被支持、被需要，这些都可能是我们的需要。你敢对另一半说出你的需要吗？你如果能讲出来，就不会出现争吵了。我们之所以不敢讲出来，是因为害怕承认自己的脆弱，因为我们从小被灌输这样的理念："脆弱是不好的。"

我们如果经常压抑自己的需要，久而久之，就有可能看不清楚自己的需要了，还可能这样告诉自己："我不需要！"社会已经把我们锻炼得足够独立，所以讲出自己的需要与保持自己的独立性并不矛盾。当真实地对伴侣说出自己的需要时，我们只是在表达自己。作为独立的一个人，如果对方来满足我，我就会更快乐。对方即便没有满足我，也不会影响我在这个世界上继续生存下去。别把需要当作威胁，这样就能很容易地把需要说出口。

一念天堂一念地狱是感受

你有没有过这样的经历？你的先生最近鬼鬼祟祟，好像总有什么事瞒着你一样，你心里有很多的猜疑，他是不是背着你做了什么事，还不敢告诉你，难道是有别的女人了？这时你的感受是焦虑、不安，甚至越来越气愤，于是脑子里开始编写各种剧情，并被这些剧情再次伤害。当最终发现他只是在偷偷摸摸地给你准备生日庆典时，你会怎么想？突然间，那个愤怒的小女人不见了，充满心田的是无比的激动和温暖。

你对上面的情境熟悉吗？这就是我们的感受。可见感受在很多时候取决于自己的信念，自己的信念又取决于自己的既往经历。我们之所以会这样想，可能是因为我们曾经有过被对方背叛的经历，或是自己的父母曾经这样做过。能为自己的感受负责的人只有自己，因为解释权属于自己。

你是不是常常担心因为表达了某些感受而伤害到对方？但真相是我们的表达并不会伤害对方，能伤害对方的只有他自己。如果我说一位大明星是个丑八怪，那么她即使听到这句话也不会感到受伤，因为她知道自己足够美丽。如果我将同样的话说给一个对外貌不自信的姑娘，她听了之后就可能受伤。这时就要觉察一下自己，我之所以不敢说出自己的感受，只是因为担心我的做法会让对方不喜欢我。当然，我们可以学着选择一种不会给对方带来伤害的表达方式。重要的是要对自己的感受负责，至少这样不会压抑自己。

我们一旦学会了真实地表达感受，就可以像清理垃圾一样，减少负面情绪的爆发。情绪和感受是不一样的，情绪是表达感受的工具。一个人在哭泣时，他的感受可能是哀伤，也可能是高兴。我们的某些情绪经常是不被允许表达的，比如“要坚强，不能哭泣”；某些情绪似乎是被允许表达的，比如“可以生气，但不能脆弱”。所以，我们往往不会表达真实的感受，只会表达被允许表达的情绪，只会在亲密关系里表达愤怒，却看不见在愤怒的背后其实是受伤和恐惧。

亲密关系的发展阶段

爱情会经历以下几个时期：晕轮期、幻灭期、权力争斗期、内省期、启示期和整合期等。感受最强烈的时期往往是权力争斗期，因为在这个阶段，我们的亲密关系会历经无数次的责备、怨恨、控制、怀疑、争执、内疚、绝望等行为。在晕轮期，两个人由于彼此潜意识里的差异性而被相互吸引在一起，会产生强烈的情感。只有两个人在经历了彼此真面目的幻灭后，那些潜意识里的差异才在权力争斗期显化到意识层面。

一般来说，权力争斗的开端并没有这么刺激。我在认识我先生三个月后给他买了一个剃鼻毛的小机器，我的潜台词是：“你如果注意修一下边幅，就是我的理想男神。”从表面上看，这是一个善意的提醒，但不久以后，因为受不了对方显露出的更多的真面目，善意的提醒就会慢慢发展为控制。如果我的体恤变成了控制，那么对方也会这样对待我。两个人都对对方不满意，都试图改变对方，以满足自己隐藏着的安全需求。对方如果真的能满足自己，变成了晕轮期时投射出来的完美伴侣，就满足了自己的安全需求。

权力争斗期是每对伴侣必经的阶段，争斗本身并不会构成严重的问题，但如果双方都准备道德说教和一战输赢，这场战争就会无休止地持续下去。双方如果只是执着于表面上的战事，就会忽视权力争斗期带给我们的真正意义。

未被满足的渴望来自原生家庭

每个人在从小到大的成长过程中都会经历种种挫折和痛苦，有些挫折甚至会带来创伤。那些经历无论是什么，都会给我们带来相似的感受，比如被抛弃、被忽略、无价值感、心碎等。让我们最痛苦的是父母或主要抚养人曾经在与我们的互动过程中给我们造成的伤害（当然很多时候他们是无意识的）。那些被父母指责后的委屈，或者被送到祖母家寄养的被抛弃感，抑或是父母长时间冷战后决定离婚的心碎一刻，都深深地刻在我们的内心。这些感受并不会因为时间的流逝而变淡，再刚强的汉子在暮年回忆起幼时母亲与他的温柔互动，仍会悄然红了眼睛。那些感受一直在潜意识里待着，会在某一刻，被外境发生的事件再次唤醒。

潜意识里的感受经常会在亲密关系中被唤醒。一般而言，外境的很多关系都能唤起相似的感受。同事、朋友、上司，甚至一个路人的无心之举，我们内心的自动防御机制便出现了：不喜欢他的这种暴脾气，没人愿意理他；好讨厌，我还是找件别的事情去做吧；这个可怜的人，他没有意识到自己的问题出在哪里。指责、转移、超理智，我们会找出各种理由来阻止对方触及我们内心最痛的那个感受。而在亲密关系中，对方压根不等我们防备，就会触及我们内心的伤痛。

每一份深刻的亲密关系，都有可能触及我们内心最深的伤痛，每一个伤痛背后都有一份没有被满足的期待。最初这份期待来自我们的原生家庭，在成长的过程中，它又不断地被外境强化。由于我们特别在意这份期待，因此在潜意识里积累了更多、更强烈的期待，直到亲密关系将它揭露出来。我们以为自己只是看不惯对方而已，实际上我们宁可指责眼前的这个人有问题，也不愿意去面对自己小时候那份期待落空的心碎。

度过权力争斗期的方法

当伴侣在与我们进行权力争斗时，我们如果一再被激怒，那么一定要避免上这个幻象的当。因为伴侣只是我们的旧伤的药引子，无论他对我们如何指责、抱怨、控制，我们都要观察自己当下心中的每一种感受。那些感受才是属于我们自己真实的部分。在捕捉到委屈、心痛、愤怒后，我的脑海中会浮现出十岁时被全班同学孤立的情景，再接着感受时，又浮现出母亲在我三岁时与我分离的场景。面对这个过程极其不易，唯有去经历这个过程，才是有意义的。另外，我们的记忆也许会骗人，可能因为我们当时太小，把一些受伤的经历夸大后一直储存在记忆里，以证明给自己看：我就是那个受害者！我可能忘记了自己被孤立是因为自己闯了祸，拖了班级后腿，也忘记了母亲只是因为工作难以分身才与我暂时分别了半天而已。但是，感受是真真切切的。所以，我们需要处理的就是这份受伤的感受。

这个过程对我们每个人的要求极其高。首先，我们要把自己从与对方争斗的情境中剥离出来。如果对方正在热火朝天地与我们争吵，这时把自己剥离出来就显得很生硬，我们可以先闭嘴，不予回应。其次，观察自己内心的感受，并将它保留起来，确认那一层一层的感受是什么，然后找到一个独立的空间，自己来处理这些感受。

这是成长的第一步，我们先处理自己的感受。当我们给了自己独立的空间，允许自己去穿越那些情感上的历史黑洞时，穿越的过程会无比黑暗，因为对于小时候的那些心碎的时刻，我们都需要重新经历一次，但请相信我，这个过程并不需要太长时间。在一次次穿越黑洞后，总有一天，我们会惊讶地发现，当对方再说出和以前同样的话时，这些话对我们的刺激已经非常微弱了。那感觉就像曾经的黑洞都已经被我们穿越，并且被渐渐填满一样。

有智慧地帮助对方成长

在处理完自己的感受后，我们可以向我们的爱人表达出来，这是非常实用的一步。因为这个方法不仅可以帮助我们的爱人更了解我们，也为我们的爱人提供了一个近距离了解他自己的机会。

当然，表达自己的感受是需要技巧的，有人会很容易地陷入评判和抱怨的陷阱。比如说这样一句话：“你刚才让我很生气！”这并不是在表达自己的感受，而是借着表达感受来指责对方。正确的表达方式是建立在自己对自己的感觉负责的基础上的。如同我前面所说的，感受出现在自己身上，面对同样的一句话和一个行为，也许别人并没有如此强烈的感受，而我的反应如此之大，那只是因为它勾起了我的旧伤而已。所以，我要客观、中立、如实地把这份感受表达出来。

“我们下午的那场争执中，我听你说我对家庭很不负责，当时我的感觉是很委屈的。”如果我们的关系足够安全，我们还可以向对方暴露更多：“其实很多时候，我都感觉到委屈。在我们的互动中，我委屈的感觉也比较多，这是因为我对这份关系很在意。我想起小时候，妈妈因为工作很累，对我不太有耐心，经常将弟妹犯的错一并算到我的头上。我从小到大都在照顾他们，承担了太多的责任，所以当听到指责我不负责的话时，我就很自然地把之前积累的委屈一起表现出来。”这种自我暴露式的剖析，对我们的伴侣具有非常重要的意义。伴侣听完了我们的倾诉后，明白了我们情绪的来源，会更加理解我们，我们和伴侣之间的情感联结会变得更加紧密了。

我们如果经常进行处理感受和表达感受的练习，就会很容易地读取亲人的感受，比如先生的、孩子的。当儿子哭着跑到妈妈的怀里，说不出哪里难受，只是自己一个劲儿地哭的时候，作为母亲的我们，一定有能力做得和当年自己的母亲不一样。我们可以对孩子说：“宝贝，你被爸爸批评了，是不是心里很委屈？其实你正在为自己犯的错误而感到愧疚，对不对？”一位母亲如果有能力把年幼的孩子无法表达的感受表达出来，那么不仅能帮孩子为这些细腻的感受正名，让孩子知道这一层层的感受代表什么情绪，而且能在孩子的潜意识里消除可能给他造成的创伤。感受本身并不是问题，将感受压抑下来，不被表达才是问题。

当我们在不断成长的时候，我们的伴侣会因此反省自己，会觉察到自己的情绪过于激烈，会停下来问一下自己：“我到底怎么了？”这就是帮助他看清自己伤痛的机会。当然，这要在他准备好了的时候才能进行。如果我们和伴侣的关系已经足够稳定安全，伴侣就会愿意在我们的帮助下共同探讨他的成长历史。我们和伴侣会因为彼此的伤痛而产生更深厚的联结。这时，爱就不仅仅是晕轮期的多巴胺和荷尔蒙的产物，而是深深懂得之后的慈悲。

在爱中共同成长

不是所有的关系都有机会得到修复。有的伴侣可能把内心冰冻起来，处在对所有人都封闭的状态，甚至当初的选择并不是出于爱，而且婚后也没有培养出爱，这样的关系是可以终止的，这样至少可以给自己一个机会去获得新生。大多数的伴侣关系，是由于当年的两情相悦和互相托付才定下来的，而且曾经因为彼此敞开心扉而感觉温暖，那我就建议你利用一次次的权力争斗去定制你自己的爱人。

千万不要为了取悦对方而改变自己，也不必要求伴侣为了你而做出违心的改变。因为这样的做法都不会长久。在亲密关系中，“真实地面对对方”是第一位的。因为掩饰内心而积累的情绪，就像一颗定时炸弹，总有一天会在你们的生活中被引爆。

很多伴侣在权力争斗期就分手或离婚是非常可惜的，因为他们可能没有机会去看见自己真正的伤痛和真正的自己。他们只喜欢在每天清晨看镜子里正面的自己，却不敢转过身看看自己的背面。而这面镜子就是我们的伴侣，对方为我们提供了机会，去看见完整的自己。在我们的身边，那些在多年婚姻里既温暖又和谐的伴侣，大多有一个共同点：具有很强的同理心。因为他们有勇气去接纳自己在冲突中受到的创伤，也能宽容地接纳自己伴侣的不完美，而且会将这样宽容的态度自然地投射到朋友、同事和其他人际网络中去。婚姻幸福的伴侣与不幸福的伴侣的区别，只在于幸福的伴侣先对自己的感受负责，能从经历中接纳更多的不完美。

幸福感情的基础不仅仅是爱，还包括共同努力的方向感。我们和伴侣如果有共同的兴趣、爱好或追求，就表明有更多的机会来共同成长。如果我们有了共同努力的方向，那么在感情中修行的速度就会更快。因为共同的方向为彼此提供了更多在一起相处的机会，更多的相处机会自然会产生更多的痛苦，每一次的痛苦都是成长的机会。

在当今社会，女性意识逐渐觉醒，很多女性走进婚姻以后，成长速度相当惊人，同时面临着新的问题，当自己成长起来后，发现先生还停留在原地，没有成长，这样就到了一个新的十字路口。我对这类女性的建议通常是：当我们自己成长起来后，爱着我们的伴侣肯定会被我们影响而有所改变，因为男人从来不甘落后。如果对方无动于衷，我们就要想一想会不会是因为自己的改变还不够彻底，或者只是一种基于“我要你改变，所以我先改变”这样的事实。我们如果属于上述情况，那么还是要将注意力放在自己身上，要对自己的感受负责。我们如果对对方不再有任何期待，而且和对方的方向完全不同，感到对方越来越陌生，那么可以做一个对自己负责任的选择。

无论一段感情是否已经结束，我都希望每个人能从感情中得到收获，这种收获是：“这段感情让我发现了自己存在什么问题，修复了什么伤痛，明白了自己想要与什么样的人共度余生。”即便已经分了手，我们仍然活在爱中。

我希望我们都能和自己的伴侣共同成长。一段充满爱意、不断成长的感情，就像一个完美的老师，可以帮助我们成为真正活在爱中的人。也许小时候我们与父母形成的关系模式会成为成年后我们与伴侣的相处模板，但我们是有机会改写这个模板的。改写后的与伴侣的关系模板会成为我们与世界的关系模板，会在爱中展现美好，会通过这份爱，在彼此的世界绽放灿烂的光芒。

何必苦苦寻找别的修行道场？修行就在我们彼此的爱里。

我们的婚姻究竟在哪里出了问题?

艾丽在我眼里一直是一位特别能干的女性，家里家外都是一把手。我见了她的先生以后，便夸赞艾丽命好，因为艾丽老公是典型的“好男人”，唯老婆和女儿的命令是从。虽然每次艾丽听完这样的夸奖总会不屑地撇撇嘴，但她在婚姻中肯定有非常享受的地方，比如他老公的行头从头到脚都是由她置办的。

志红和艾丽不同，孩子出生后，志红就放弃了工作，当孩子两岁时，志红在婆家的要求下又生了二胎，时间一长，就远离了原来的职场圈子。不像艾丽的老公，志红的老公我们很少见到，毕竟一家四口的压力全在这个男人身上，他忙一点儿是应该的。志红没有雇保姆照看孩子，所以在小区遇见她时，她说不上几句话，一直忙着照顾两个孩子。

罗蒂的婚姻进入了第五个年头，她的老公在前一段婚姻中有一个孩子，所以跟罗蒂商量决定婚后不要孩子。罗蒂在婚姻的最初两年里正好处在自己职业的转型期，便彻底放弃了要孩子的想法。她的事业越做越好，而她的老公则天天在家里打游戏度日。

艾丽和志红几乎同时来向我求助：她们的老公都出轨了。但她们俩的态度很不一样，艾丽的想法很鲜明，她决定离婚，下一步要考虑的是怎样分配财产，把对孩子的伤害降到最低。志红明显沉浸在痛苦的情绪中，她多年来的担心终于得到了应验，无力提及离婚，但悲愤至极。

许多来找我求助的女性决定离婚的原因是另一半的出轨行为。如果另一半不出轨，她就不会离婚，无论婚姻的质量怎么样。一旦对方出轨，她就会启动离婚程序。在这类女性看来，似乎能对婚姻构成威胁的因素只有出轨这种行为。

当一段婚姻遇到严重的外力撞击时，婚姻既有的形式会受到伤害，婚姻的结构会出现松动，但婚姻是否会彻底破裂，完全取决于它本身的结构是否牢固。婚姻本身的外壳如果已经很薄了，就会吸引外力去将其撞击破碎。

通过对照婚姻的五个功能来检查婚姻是否需要存续

在实际生活中，冲动离婚的个案非常多，该如何判断婚姻已经到了该结束的地步呢?

大家都明白，婚姻和爱情是两回事。决定进入婚姻的原因可能是爱情，但在决定是否要结束一段婚姻的时候，要考虑的因素就非常多。婚姻具有五个功能，大家可以以此对照，如果这五个功能都无法被满足，就说明这段婚姻存续的希望非常小。但只要婚姻还有一个功能存在，我们就有必要对婚姻做一次检查，看看是否还有修复的可能。

第一个功能是，性生活是否和谐。

第二个功能是，两个人之间是否还有感情。

第三个功能是，两个人是否有孩子。

第四个功能是，两个人在经济上能否互助。

第五个功能是，两个人能否靠婚姻扩大自己的社会资源。

在得知伴侣出轨后，很多人在第一时间会感到震惊，接下来可能否认，并再三确认，然后在确认后感到暴怒，继而争吵。这是一个人在经历一个意料之外的外力伤害时自然的反应。这一系列情绪化反应都是正常的，要允许自己在这段时间里伤心和难过，这总比压抑否认，转而攻击自身好。

虽然艾丽和志红仍然处于伤心和难过中，但在冷静下来后，她们开始思考是否应该轻易放弃经营多年的婚姻，对照婚姻的五大功能，似乎并没有全盘皆输。也就是说，婚姻的形式还可以继续，但背叛带来的感情伤害确实存在，这个阶段是最痛苦的时候。

我想跟大家说的是，出轨行为只是一个事件，真正让这个事件发生的是我们婚姻本身的质量问题（当然，应排除一小部分人患有性瘾症，他们把婚外性当作必需品）。即使面对这个事件的时候，会很痛苦，在冷静下来后，我们还是需要对自己的婚姻做个检查，看看它的质量问题出自哪里。

给我们的婚姻做保养

我经常建议每个人按照以下步骤检查自己的婚姻，同时按照这样的顺序去修复婚姻。

首先，两个人的沟通质量如何？

不管是冲动离婚，还是冷静思考之下的离婚，夫妻间非良性的沟通问题普遍存在。有些夫妻表面上是经过冷静思考后离婚的，其实他们在长时间无法进行良性沟通以后，已经造成了情感隔离。在这样的情况下，两个人早已同床异梦，连修复的心力都已经没有了。那些夫妻之所以冲动离婚，同样是因为没有好好地表达自己和听见对方真实的声音，并在情绪的驱使下一拍而散。

沟通建立在倾听和诉说的基础上。我在你的面前，能听到你的弦外之音，不会因为你的话语而出现情绪。你也能敏感地捕捉到我情绪低落时的内心需要，并将其表达出来和我确认。夫妻如果能够进行这样的沟通，就很难有隔夜仇。

艾丽在我的指引下做婚姻体检的时候，突然意识到，她平时的关注点往往集中在职场晋升和孩子的学习问题上，需要老公的时候，只是粗暴地训老公一顿，指挥老公用行动来满足自己，比如去接孩子放学、去机场接父母等。而她已经很久没有倾听过老公需要什么了。其实我们每个人内在的需要往往是一样的，我们对爱和被尊重的需要并不会因为在婚姻里得不到满足而消失，往往会找个机会通过另一种形式来满足自己，这就是婚外情高发的时候。

在许多前来求助的女性个案里，老公外遇的对象极其普通，跟他们的太太相比，很多项硬指标都差太多，但唯独满足了老公渴望被尊重的需要。即使面临这样的情况，这些太太们在第一时间知道后，依然沿袭了一贯的强势作风，穷追猛打，原本只是出现了婚姻危机，最后直接变成离婚大战了。

其次，两个人对自我的探索是否足够？

志红在情绪稳定后开始了自我探索之旅，她的问题显然比艾丽的更复杂一些。她和自己的先生虽然曾经是同事，背景相似，但这么多年以来，她为了孩子牺牲了自己的事业，与先生所沟通的内容除了孩子就是关于水、电、煤的事了。

我问她："你不上班，真的是为了孩子吗？"

对于这个问题，前两次她都肯定地回答"是的"，并且后面会跟一堆她必须在家带孩子的理由。直到第三次的时候，她自己思考了一下后，沉默了。

志红从小与父母和两个双胞胎弟弟一起生活在一个四线城市。她比弟弟们大五岁，她的母亲在她很小的时候就对她说过："如果你是个男孩，我就不用再生了。现在要带这么多孩子，我这一辈子都毁在这个家里了。"当弟弟们出生后，她就成了家里的边缘人物，因为是老大，又是女孩子，她必须很努力、很乖地干非常多的活，才能让父母关注到她。一旦她出了什么乱子，弟弟们就会向父母告姐姐的状。在她的努力之下，她考到了上海的大学，工作后认识了自己的先生。

现在回头看自己的发展之路，志红非常心疼当年那么努力的自己，一直念叨："我当年那么努力，怎么就这样把自己废了！"经过深入探索之后，志红更加理解了自己。在她的潜意识里，那个"不够好的自己"其实一直都在。为了能够让老公和婆家人喜欢自己，为了能维持住这眼前的幸福，她必须妥协和牺牲自己的利益。在这样的核心信念的驱使下，所谓的为了孩子，只不过是内心自卑的掩饰而已。

志红的情感修复之路显然需要更多的时间。她需要重新找回自己的价值和工作的能力，需要重新确立自己的身份，同时要恢复与先生之间的沟通。我们都以为结了婚，就可以和自己的历史一笔勾销了，但并不知道，从前的生活从来没有放过我们。

最后，两个人在心灵和性上的亲密度是否契合？

两个人如果已经探索完自己的核心情结，又能好好说话和无障碍沟通，就说明已经做到了彼此深刻的理解和共情。在这样的心境下，当彼此抚触肌肤时，两个人都能体会到彼此在进行深刻的交流，真正达到了心灵和身体的高度亲密。

如果两个人没有经过前两个阶段的探索和学习，那么两个人的价值观和亲密度是无法达到契合的。

随后的半年里，我看到了艾丽明显的变化，她的先生在我们面前越来越健谈，在此之前，我并不知道她的先生如此博学。志红还处在艰难找回自己的过程中。虽然请保姆来照顾孩子是一笔不小的开支，但志红在一点点推进，而且我们经常因为她又成功地卖出一份保险而被邀请吃一顿大餐。

与此同时，罗蒂离婚了。套用婚姻的五个功能，她的离异在我的意料之内，而且我认为这是一次比较冷静的分手。她的婚姻没有第三者，离婚只是出于纯粹的内力。这是因为两个人无法朝着同一个方向努力，而且两个人的成长速度相差太大。我之所以说她冷静，是因为无论是关于沟通的问题，还是关于自我探索的问题，罗蒂都进行过深入的学习，并且与自己的先生做了三个月的婚姻咨询，仍然觉得彼此不适合，然后平静地分手了。

当婚姻遭受严重的外力撞击时，这个外力是对婚姻本身质量的考验，如果我们在这个外力的作用下直接把婚姻的房子拆了，那么多年的心血就会付之东流。真正能决定婚姻走多远的，永远是两个人内在的价值观和共同成长的方向。很多婚姻都死在了去探索彼此价值观的路上，被一些不良沟通和成长历史所牵绊了。这真是非常可惜。

给自己的婚姻一些时间，以时间换空间，其实是给彼此的生命一次重生的机会。

我们这代人的主要任务是什么？

以下是前来求助的一个个案例：

她一直在追逐事业，根本没把恋爱当回事，转眼间就把自己的婚姻大事拉下了。

她 30 多岁了，还和父母住在一起，在城市生活的压力大，但被父母管头管脚的压力更大。

他与女朋友经受住了恋爱的重重考验，进入了婚姻，却发现婚姻如同地狱，早知道这样还是独身好。

我们在婚后出现种种矛盾，而且把矛盾告诉了双方父母，他们义无反顾地来指导，等我们俩已经和好如初了，两家老人却一直在生气。

我控制不住自己的情绪，对着调皮的儿子大喊大叫，在那一瞬间，我发觉自己像极了让我讨厌的妈妈，这么多年，我一直想摆脱她对自己的影响，可我失败了，我对自己失望极了。

我辛苦持家这么多年，却发现自己的先生毫无征兆地出轨了。我当时心碎至极，眼前浮现出妈妈当年知道爸爸背叛她时向我哭诉的场景。

现如今，婚恋问题好像变得越来越尖锐。想想我们的父母和祖父母，他们当年的物质条件并不如我们，但没有遇到像我们这么多的麻烦。真的是因为物质条件越好，生活水平越高，选择越多，人们就变得越挑剔吗？

其实并没有这么简单。

最近国内一份年度心理学报告显示："亲密关系的本质在于个人成长，而我们现阶段的个人成长水平明显落后发达国家 8 年。"

这 8 年的差距是如何落下的呢？

新精神分析学派的代表人物埃里克森将我们的心理发展的过程分成了 8 个阶段，在每一个阶段，我们都需要面对挑战。总的来说，12~18 岁、18~25 岁、25~35 岁，我们的主要挑战分别来自个人成长、学习、建立亲密关系和经营家庭关系。对比一下这三个阶段主要任务和实际困扰问题之间的差异，我们发现了以下情况：

不同人生阶段发展任务
与该年龄段来访者（主诉）困扰问题的对照

	主要任务	（主诉）困扰问题
12～18岁	自我认同	34%为情绪问题 27%为个人成长 17%为学习压力
18～25岁	亲密关系	35%为情绪问题 27%为个人成长 13%为恋爱关系
25～35岁	亲子关系	29%为情绪问题 26%为恋爱婚姻 22%为个人成长
35～45岁	自我与家庭关系	25%为情绪问题 25%为个人成长 22%为恋爱婚姻

（图片及分析来自简单心理与北京大学联合发布的《2016 年心理健康认知度与心理咨询行业调查报告》）

在 12~18 岁，我们应该完成自我认同的任务，也就是个人成长的任务，但被很多情绪问题和学习压力困住了，以至于在以后的每个人生阶段，都需要花时间完成个人成长的任务。

在 18~25 岁，我们应该主要学习亲密关系的课题，由于前一阶段中个人成长的任务被延误，因此只能花一小部分精力面对亲密关系的议题，结果亲密关系的议题也被耽误了。就这样，在下一个阶段继续类推下去。

1. 个人成长为什么滞后?

现如今，结婚年龄普遍被推迟到 25 岁以后，受教育的时间普遍增长，更多的人选择在大学本科毕业后接受更高的教育，所以从青春期（12~18 岁）开始，人们一直在探索自我，而那些成人期该承担的责任和义务都被推迟了。这就是很多处在 18~25 岁的人仍在进行个人成长和自我探索的重要原因。在成人初显期（18~25 岁）进行的自我同一性确认和个人成长可能比青春期（12~18 岁）更加剧烈，我们花很多时间不停地追问：我是谁？我要做什么？我学的是我喜欢的专业吗？我毕业之后能做什么工作？我希望伴侣从事什么样的工作？于是，很多人把自己的婚姻大事耽误了。

2. 亲密关系为什么陷入困境?

在亲密关系的最初，两个人是在本能地接近。当对亲密关系进一步探索时，我们更希望了解这些问题的答案：恋人眼里的自己是什么样？在整个人生中，什么样的人是我真正渴望与之共度终生的？

美国青少年通常在 12~14 岁开始约会，经过 10 多年的探索，到了 25 岁，他们明确地知道自己是什么样的人，知道自己愿意与之共度终生的人是什么样。而我们的现状是：父母和老师都告诉我们不要早恋，读书时学业的压力很重，还有老师和父母在一旁监督，我们对恋爱进行自由探索的空间很小。通常我们进入大学后才开始被允许正大光明地恋爱。可笑的是，当我们 23 岁大学毕业时，以前拼命阻止我们恋爱的父母，却恨不得天天把我们的简历晒到相亲角，恨不得我们转眼就成亲。结果我们在跌跌撞撞中学习爱的能力，当然，还要凭运气才能遇到自己喜欢，也喜欢自己的人。因此，亲密关系成为 25~45 岁的成年人感到最困扰的心理问题，就没什么可奇怪的了。

如此说来，我们的成长是受困于青春期的个人成长滞后吗？对于这个问题，笔者有自己的看法。如果一个人在 0~6 岁时没有得到父母很好的呵护和关爱，那么青春期就是第二次心理修复期，但如果他的成长在此期间也被耽误了，那么他就会将这个内心的空洞带入亲密关系中。无论是恋爱还是婚姻，都可能会为他之前落下的课程买单。这就是一个人在青春期本应解决个人成长和学习压力的问题，却用大量的时间去处理情绪问题的原因。如果一个人在人生第一次成长发育阶段是安全的，而且在青春期得到了足够的成长空间，也就是说，父母允许他去尝试，甚至叛逆，那么这个人的情绪管理就不再是青春期的主要议题，他更关注内在同一性的问题，以及对自我和异性的认知、对家庭和社会的认知、对世界和宇宙的认知。看来，问题再一次指向了原生家庭。

不得不说，我们这一代人所面临的原生家庭问题是相当独特的。在经历了特殊历史时期的洗礼后，文化上的断层导致了家庭教育的断层。我们的祖父母当时处于新中国刚开始建设的时期，生活物资比较缺乏，家中有多个子女需要照顾，这让我们父母的成长伴随着安全感的缺乏，人与人之间的信任成了主要的问题。在年轻时，他们可能对这些问题的重要性认识不足，就接受了结婚生子这样的任务。很多夫妻在未彻底磨合好时，就投入了如火如荼的改革开放浪潮，对婚姻中问题的处理只能依样学样，学着他们的父母和朋友的做法，虽然父母和朋友的婚姻也困难重重，但被经济建设的浪潮掩盖了。所以说，我们父母这一代人的成长过程带有一定的创伤，而为父母这代人的创伤买单的人，就是我们自己。

在我所接触的许多个案中，很多人觉得自己在原生家庭的成长过程并不幸福。在很多家庭中，父亲在家庭中缺位（忙着赚钱），母亲成为家庭生活的顶梁柱，但由于母亲本身缺乏安全感，因此往往会对孩子过分控制或过分溺爱，孩子在潜意识里会对母亲又爱又恨。如果家中是个男孩，那么这个男孩可能会在成人后把这份潜意识里的恨意释放到亲密关系里，而且他在人生中主要的模仿对象就是自己的父亲，所以他也像父亲一样习惯在外部世界寻找价值感。如果家中是个女孩，她可能会在亲密关系里完全模仿妈妈的处理方式。由于从那个年代成长起来的母亲都一肩多任，因此在性格和处理方式上都相对强势，这样的方式会被女儿完全复制（虽然女儿在成长过程中也承受了巨大的压力），女儿的强势可能再一次把新组建的家庭里的丈夫逼出家门（这正好是丈夫的主要处理方法）。如果女儿再有孩子，那么上述的剧情还会继续上演，就这样一代代地轮回下去。

但我们这一代人已经不再满足于追求丰富的物质条件。只要大家足够勤奋，生活水平就差不多。一旦满足了对衣食住行的要求后，我们对精神世界的要求就会提高。社会越来越宽容，我们越来越敢于面对更多的选择，对于离婚这件事，就不会像我们的父母那代人那样难以启齿，于是“80后”的离婚率不断攀升，逐年刷新历史最高水平。近年来随着心理学的普及和心灵成长教育的推广，越来越多的人渴望心灵成长，并且或多或少地意识到不应该轻易地结束一段婚姻，同时焦虑地看到自己的孩子身上或多或少地显现出和自己类似的问题。

于是，我们着急地寻找各种方法来解决孩子的问题，而最终沮丧地发现，孩子的问题症结是出在我们自己身上，对于自己身上的问题，我们似乎已无力更改。

怎么办？

没有任何一代人，像我们这一代人这样面临如此棘手的问题，我们如果不解决这些问题，就会将问题延续到下一代。如果我们要在源头解决，那么已步入老年的父母们又很难接受反思和改变。我们只能在自己身上开刀，也就是说，虽然问题的源头已经被我们找到，但必须在我们自己身上解决这些问题。

解决的方式就是持续不断的个人成长。

个人心理成长听上去是个很玄的事，如果你希望开始心理成长，那么我建议你遵循以下几个步骤：

1. 个人心理梳理

回顾自己的人生，我将从小到大的人生节点一一列出，比如5岁时与妈妈分离了半年时间，自己感觉很痛苦，感觉妈妈不要我了；18岁时离开父母去外地上学，并没有感觉到兴奋，而有一种被全世界遗弃的味道；28岁时男朋友要和我分手，他说我过于冷漠；等等。或者回顾自己的几段恋情，分析是否有相似的分手原因和时间点。

2. 找到最适合自己的成长渠道

实现个人心理成长的渠道有很多，无论是做一对一咨询，参加各种心理成长课程，参加个人体验工作坊，还是参加心理咨询师的培训，都是非常好的渠道。

3. 运用个人成长所学的知识在生活中不断练习和实践

生活质量是检验成长的最好标准。经年累月，我们会慢慢看到，虽然自己的伤疤依旧存在，但它已经不会再让自己感到痛。伴侣不会再对这个伤疤指指点点，孩子也不会因为爱你而给自己弄个同样的伤疤。

我们真的没有多少时间执着地停留在那些物化的外在世界的虚幻中。那些关系里的苦、那些房子和车子、那些让我们头痛的孩子表现，都会随着我们的个人成长得以解决。如果我们这代人能将个人成长放在首位，那么受益的不仅是我们自身，而且是整个家族，甚至是整个国家。

外遇，可能是夫妻共谋的结果

很多人认为，来做婚姻咨询的人都是平日里争吵不断、恶语相加，甚至拳脚相向的夫妻。在现实中，这样的夫妻比较少。如果冲突能通过争吵的方式解决，往往就说明夫妻间的沟通比较及时和透明，就算来做咨询，也能较快达到理想的效果。

真正的婚姻危机并不会发生在这个阶段。当前来咨询的夫妻以垂死挣扎的婚姻面貌出现在婚姻咨询师的面前时，他们的婚姻维持表面的和谐已经很长时间了。也就是说，夫妻俩积累了很长时间的冷漠、逃避、忽略，但出于各种各样的原因，双方都不敢去捅破这层窗户纸，这样至少可以维持住脆弱的婚姻关系。当然，有些原因也成了婚姻问题的挡箭牌，比如老人生病了，或者孩子需要照顾，或者彼此生活上的依赖等。这些原因同样成了夫妻间不真诚沟通的借口。这种不真实的状态存在的时间太久，正因为不真实，所以他们的婚姻才能维系下去。即便两个人的内心都不愉快，也好过面对真实，比如去找咨询师聊聊。因为这意味着自己内心真实的想法都藏不住了！得过且过的状态至少还可以保护目前这份脆弱的安全感，这种态度体现了夫妻俩为了避免面对婚姻的根本矛盾而采取的策略。

在一般的家庭中，在表面的和谐背后，会有一个为家庭真相买单的孩子，孩子天天和父母生活在一起，缺爱的症状会在孩子身上真实地呈现。还存在一种情况，说出来也许无法被大多数人接受，但这的确是事实：婚姻的问题会以其中一人出轨来呈现。

卫华和小琳在大学时是恋人，在结婚前已经谈了三年恋爱，原以为彼此知根知底，哪知婚后随着孩子的出生，家庭矛盾开始显现，两个人在恋爱时还可以包容对方的个性，但在孩子出生后，两个人的个性激发了各种矛盾。随着双方父母的介入，小家庭的生活渐渐归于平静。小琳把全部的重心都放在了孩子身上，卫华的父母帮着一起带孩子，卫华就顺水推舟地将重心放在了事业上。小琳是一个敏感的女孩，她发觉老公的话越来越少，回家的时间越来越晚，她出自本能地追问过几次，追问无果后就默认了这样的婚姻模式。

有一天，小琳在第六感的驱使下看了卫华的微信聊天记录，她发现最令她不安和担忧的事情发生了。卫华和年轻的女同事的对话，让她觉得很熟悉，因为就像她在大学时代和卫华的恋情一样，甜蜜而富有激情。小琳感到愤怒、受伤、困惑，也有很多的挫败感，所有这些感受一股脑儿地化作争吵和哭闹。卫华面对小琳突如其来的揭露，刚开始否认，后来被小琳无休止的折磨激怒，他向小琳表示悔过，并保证会斩断与第三者的关系，但迟迟未见动作。小琳被再一次激怒后，开始考虑离婚。

作为小琳的婚姻咨询师，我是在这个时间点接手她的婚姻个案的。在我看来，这是一个非常典型的婚内出轨事件，从原因到事件的发展，再到他们两个人的处理方式，都非常有代表性。

单从结果和道德层面来看，我们很容易得出一个结论：卫华对小琳不忠。也就是说，卫华做错了，小琳是受害者。但我们如果仅仅从这个出发点去解决问题，那么往往发现不了问题的本质，而且会推波助澜，酝酿一个更大的危机。

其实外遇就像许多其他婚姻问题一样，是被夫妻双方“安排”出来的。小琳生完孩子后没有兴趣跟卫华过夫妻生活，而且在之后的很长一段时间里因为焦虑而不断地爆发争吵，两个人已经很久没有真正地谈过心了。小琳没有意识到自己的内心无比焦虑，每天跟老公吵架就成了她发泄情绪的出口。卫华在面对劳苦功高的妻子时，无法还嘴，时不时体会到孤独感，而且被家庭中的暴力语言进一步伤害，他非常渴望太太能听一听自己心里的苦闷，但他并没有把自己的想法表达出来，他惯用的方式就是逃跑。

其实他们俩这样的相处模式，并不是在小琳产后才突然出现的，而是在他们的相处过程中慢慢形成的，只是在孩子出生后变得更加突出。在此之前，这样的模式倒成了他们彼此适应的模式。遇到摩擦时，他们两个人一个追一个逃，倒成了两个人相爱的模式，只是他们不知道这背后埋藏的隐患。

就这样，夫妻间长期积累的问题，被这种所谓的相爱模式化解了，但是解决了这一个问题，又会出现另一个问题，其本质是两个人都没有真正地看见对方，既不聊也不面对。

这两个人出现的问题究竟是什么呢？当然要从原生家庭说起。

卫华出生于 20 世纪 80 年代初期，在那个改革开放的时代，卫华几乎是在妈妈和外婆的照顾下长大的，他长期见不到自己的父亲，因为父亲去下海经商了。卫华从小就觉得母亲把自己“绑”得太紧，妈妈对他的穿衣、学习，以及青春期时和女生们的信件都一一严查，他在自己的家里经常有窒息的感觉。更让他心烦的是，妈妈总是在他面前骂他的父亲没有赚到多少钱，也没照顾到家。等卫华长大后，父亲逐渐回归家庭，父亲越来越感觉自己像个多余的人，因为卫华已经把什么事都帮母亲解决好了。

卫华并不知道自己对母亲存有很多愤怒，他连想也不敢想。直到他遇到了小琳，内心早已冰冻的热情被化开了。虽然有时候卫华觉得小琳总是依赖他做种种小事，但这份依赖给他带来的熟悉感令他很着迷。

小琳的母亲和卫华的母亲不一样，她是一个特别不善于表达感情的人。在小琳的成长经历中，用小琳自己的话来讲，就是每次受伤后都只能由自己默默舔舐伤口。从很小开始，小琳就常常有一种孤立无援、被抛弃的感觉，所以为了测试自己不会被爱人所抛弃，就一遍遍让老公去做一些小事情，潜意识里只是害怕失去他而已。

在两个人最初相遇时，卫华觉得小琳依赖他的感觉很好（就像他母亲依赖他一样），小琳觉得卫华在关键时刻体谅关心她的感觉很好（弥补了母亲无法给她的那部分），所以两人愉快地走进婚姻。问题就在于，卫华在原生家庭里的核心焦虑是怕窒息，小琳在原生家庭的核心焦虑是怕失去。当小琳在婚后及产后不断地进行真爱测试时，卫华的核心焦虑被激发了起来，他当然不知道自己已经把对母亲管控的愤怒转移到了小琳身上，也无法意识到自己长时间以来一直享受着被小琳依赖的感觉。他只是把被小琳拆穿的愤怒连同对母亲的愤怒一起爆发出来。他表面上希望暂时逃避婚姻，其实还希望逃避他的母亲。

从这个角度来说，外遇是卫华长久以来渴望的自由生活，对于这种渴望，甚至可以追溯到他的童年。当婚姻又给他带来小时候的牢笼感时，他就制造了这场逃亡。

卫华的这种逃避行为，让小琳再一次体会到孩提时代的孤独和被抛弃感，就像她自己一次次测试后，最终得到了她想要的结果一样。

在心理学上，这叫作强迫性重复。一个人在原生家庭里的模式会自觉地重现在他的婚姻里，最初两个人之所以结婚，是因为他们在无意识里知道会发生这样的危机。从心理动力学的角度分析，这两个人是在寻找治愈自己的机会。我有过这样的创伤，我便将自己的人生演化出这样的困境，以便寻求机会，得到更好的解决。

在很多这样的婚姻危机中，伴侣中的一方总是竭力激发对方重新陷入他的核心焦虑里，这种焦虑与各自的原生家庭有很大的关系。如果两个人能开诚布公地谈一下彼此的成长经历，以及自己的担心和恐惧，而且互相给予温暖，那么婚姻就有可能治愈彼此的创伤，达到滋养的效果。也就是说，眼前的这个人激发了我的核心焦虑，我如果不直面这件事，而且逃避的话，就会在这种惯性里变得越来越疯狂。如果我们敢于面对这件事，我们的伴侣就是那种能让我们找到深层力量的人。

压抑产生了外遇的问题，外遇解决的仅仅是婚姻内的老问题，换句话说，这时候的外遇对象只是伴侣的替身而已。

发生外遇事件后，夫妻需要进行比以往更深的沟通，要把以往那些年欠下来的走心的沟通都补回来。外遇是夫妻两个人“安排”

的拯救婚姻和自己核心焦虑的方式，唯有这样，两个人才可以赤诚面对，才不必维持麻木的和谐了。

好的亲密关系是疗愈彼此的情感良药。一个人如果在亲密关系里得不到满足，就会本能地想向外寻找。两个人如果都能真实地面对问题，并能透过问题看见自己的核心模式，就有机会得到深层的疗愈。

小琳在认识到这些问题后，大度地说她可以翻篇，但她在接下来的一段时间里一直无法释怀，她自己的压力也很大。在这里，我对外遇后进行婚姻修复的朋友们提几点建议：

1. 我们要接受已经造成伤害的事实，发生的终究发生了，无论是出于什么原因，伴侣都给自己造成了伤害。要做到原谅对方，真的是需要时间的。我们要接纳自己无法承受这种伤害的状态。最怕的就是自欺欺人，我们虽然告诉对方这件事已经翻篇了，但还有可能在床上把对方踢下去。我们如果感受到伤害，就表达脆弱；我们如果有需求，就大胆提出。外遇这道考题就是要让我们学会真实面对问题。

2. 从某种意义上说，虽然外遇是夫妻俩为了挽救婚姻而“安排”出来的，但出轨行为本身毕竟给另一方造成了伤害，所以出轨方需要拿出足够的诚意向对方忏悔，如果不了了之，就会加剧另一方的愤怒。

3. 如果条件允许的话，夫妻俩可以参加家庭治疗，这可以起到修复婚姻的作用。在这段脆弱的时期，夫妻中的一方或者双方很有可能摆出自尊骄傲的态度，不断地为自己的错误寻找借口，使原来的问题无法暴露出来，反而让矛盾变得更加激化。最初一时冲动的外遇，有可能真的慢慢演变成终结婚姻的导火索，但对于个人来说，离婚并不能终结痛苦，也许只会让痛苦换个形式继续。

虽然外遇的事件让处在婚姻内的人无比痛苦，但我们如果不敢分析造成外遇的原因，就损失了深度发现自己的机会，损失了让我们的爱人疗愈我们的机会，更损失了让我们的婚姻在沉闷压抑中苏醒的机会。如果事实真的如此，就浪费了夫妻俩共同安排的这出好戏。

婚姻危机，是我们成长的生机

有不少昔日浪漫的情侣，在漫长的鸡毛琐碎中仍会迎来婚姻的危机。是的，再美满的婚姻也会有经历危机的时候。我们选择应对危机的态度，决定了是让婚姻走向终结，还是让彼此成长后多给自己一次相爱的机会。

其实婚姻的危机总是会在彼此越来越真实时出现，这份真实可能让我们不敢去面对陌生的自己，让我们失去曾经的安全感，让我们备受伤害。我们通常应对的方式是争吵、控制、回避，甚至一味地息事宁人。其实危机并不是让我们去展现自己具有争吵、控制、回避等能力，只不过是让我们彼此走得更近而已，距离的拉近使得我们将对方看得更加清楚，同时让对方接触到我们内心受伤的部位，从而开启我们内心的自动防御装置。

德国婚姻咨询专家楚尔霍斯特夫妇在畅销书《爱自己，和谁结婚都幸福》中，为我们揭示了婚姻危机的真相，并有步骤地指导我们如何将婚姻危机过渡为成长的生机。

我想任何一个踏上心灵成长之路的人都已经认识到了这一点，如果一个人在发生婚姻危机后匆忙离异，离异之后依然不改变自己，那么他与下一个伴侣之间的关系很可能仍会很快陷入同样进退两难的境地。既然如此，何不趁着眼前的这场危机，给自己多一些练手的机会呢？即便最终的结果仍不如意，也无愧我心。所以，先别忙着抽身离开，把危机视作真正的机会。先坦诚地问一下自己："我想分手是否只是意味着自己没有勇气去揭开真相的面纱？"深陷危机的伴侣关系正好提供了深度认识自己的好时机。这个危机能让你看清对方的真面目，也能让你认识你自己。只要你透过自己所扮演的角色，认真看一眼幕后的真相，就可以揭开自己一直戴着的面具。同时，你还可以透过伴侣的表象，看清对方最真实的内心世界。伴侣或许和你一样，也有一颗伤痕累累、战战兢兢的心。你会发现，其实伴侣并不是你眼里的那个罪犯，对方所带入婚姻的，只不过是另一种性格、另一份伤害，以及另一份经验而已，就像你一样。

改善伴侣关系，从改变你的生活开始。

你肯定知道改变要从自己开始，不能指望对方，你想知道的是究竟该怎么做。

第一步：给自己的关系危机踩刹车

你要做的第一步是给自己的关系危机踩刹车，让自己保持安静，不要受对方的一举一动影响。你甚至可以把对方当作空气，每天照样生活在一起，吃饭睡觉一如往常，不要再利用任何机会去让斗争反复出现。即使对方会给你带来刺激，你也要冷静下来。这个刹车要掌握在你自己的手中。记住，不要用老方法去对待问题，你一定要清醒地、有意识地去控制自己，既不要做无谓的争论，也不要退缩，你只是什么也不要做而已。这一刻，你的功课只是为了打破原有的惯性模式，这个刹车可以为你们之间的关系留下一个真空地带。

第二步：与真实的自己相处，活在感受中

你要做的第二步是与真实的自己相处，活在感受中。现在的你已经是你们夫妻关系的一个旁观者了，你此刻要做的就是坦诚地面对你自己，而不是生活在自己的想象里。关注你的内心，感受你的身体，将你的注意力投入到你的内在世界中。把自己想象成巨大的冰山，你和他的问题如同冰山相撞露出的冰山一角，现在你要深入海底，去探索水下的自己，那个更深更真实的自己。在水面之下，聚集着所有被转移过来的感觉，以及那些不被允许释放的感情。到底在伴侣做什么事、说什么话的时候，你会出现愤怒、孤独、无助和怨恨等情绪？你最早什么时候曾有过那种感受？然后去拥抱它，好好体验这种感受。也就是说，不管发生了什么外部刺激，当自己的感受出现时，你都要和这个感受好好地待在一起，也许你会突然意识到这和小时候的某段经历相似，不要害怕，继续去和它待在一起，直到这份感受慢慢散去。

至于这个过程到底需要多久，这很难讲。也许是一小会儿，也许是几个小时，也许是几天。你唯一要做的是不控制，当它来的时候欢迎它，当它走的时候也不挽留。

第三步：将这份感受转化为意识范畴内的力量

你需要做的第三步是将这份感受转化为意识范畴内的力量。通过这样的观察，你会惊讶地发现，你总是会在某几个点上反复出现同样的感受，那就是你的内在模式在起作用。无论以何种方式同内在模式相遇，发生的过程都是相同的，出现的都是相同的恐惧。这时你要明白，内在决定外在。

你之所以经常感受到孤独，是因为你的潜意识里存在着对他人的评判，你的内心被不断扩散的恐惧所占据，对现有关系的恐惧和对失去的恐惧都会令你难以摆脱这份孤独，所以你就会不断地制造问题，产生问题，去反复地体验孤独。也就是说，你的潜意识制造了外在的生活，曾经发生的一切都体现了你自己内在的需要。将这份潜意识意识化以后，真相是多么可怕。

第四步：用真心让真相浮出水面

你需要做的第四步是用真心将真相浮出水面。你已经接触到最深层的自己，这时请你鼓起勇气，向前迈出艰难的一步。你必须真心接受过去所承受的一系列伤害，认识到由于自己的内在冲突而产生外在冲突的那部分责任。同时，要不断地给自己测谎：“我曾经在哪些地方作秀给别人看？我曾经在关系里做了什么事，把责任都推卸到对方的身上？”别再隐瞒自己，别再隐藏秘密。你越隐瞒，你与内心的距离就越远。

你探索到的这些真相都是你以往的秘密，秘密越多，伴侣关系就越僵。让真相浮出水面吧。和你的伴侣分享你的探索，不带任何情绪，没有痛苦和眼泪，只是告诉他曾经发生了什么，你的内在感受又发生了什么改变。

当然，你如果觉得还没有勇气做到这些，就可以先跳到第五步。

第五步：改变自己的应对模式，允许伴侣做他自己

你既然已经看到了自己的真相，认识到了自己需要承担的责任，也如实地向对方说明了真相，接下来，就要改变自己的应对模式，允许伴侣做他自己，你要改变自己的生活，而不要急着去拯救彼此的关系。如果他曾经说过的一句话，能不经意地挑起你的愤怒，而且你已经知道他只是激起了你的旧伤，那么你就不要再被他引诱。你一旦改变了自己的模式，就可以让他的老方法在你这里变得无效。当然，你要给他空间，让他还和原来一样折腾。也许他还没有开始内在探索，而你已经领先了一步。重要的是，只要你先改变，冲突就不会再次发生。这是一项艰苦的工作，需要你鼓足勇气，坚持原则。

最后一步：给彼此充分的时间进行新一轮的磨合

也许当你们不再发生冲突时，你的伴侣就会渐渐冷静下来，会对你的内心所发生的一切产生好奇。他也许会一言不发，自己慢慢摸索着改变，也许会像只好奇的猴子继续骚扰你，不断地试探你。无论对方采取哪一种方式，在你觉得时机成熟的时候，你都可以告

诉他你的内心所发生的一切，这就是第四步的内容。当然，也许他会不以为然，继续走他的老路。在大多数情况下，那是他的防御机制在起作用。给他时间，他需要时间去探索自己。你们之间不再像过去一样按照旧习惯生活，有了一种新的磨合方式。不管是因为你的改变，还是因为你们先后的改变，过不了多久，你们的婚姻都会进入另一种状态。无论如何，你都超越了自己，因为你离真实的自己更近了一步。

其实危机是让真相暴露的机会，这个真相是属于自己的真相。它把所有妨碍我们获得幸福的东西都暴露在光天化日之下。在这个危机发生之前，你们只是生活在谎言里而已。感谢这个危机吧，它让你和他都做回了自己。

经过这段时间之后，你会发现，曾经准备离婚的你们可能根本就不是你们原本熟悉的那两个人，就如同两个跟你们毫无关系的人，甚至像是两个彼此互不相识的人。你们差一点儿就在还没认清对方的时候跟对方分手了。

不要轻易地走出你的伴侣关系，而要走进你自己的内心。让那两个做回自己的人重新相爱吧。

高品质亲密关系的成就之路

我有两位来访者，她们同为年轻女性，却看似有着不同的烦恼。

小月谈过很多次恋爱，她所有的恋爱故事的开头和结尾都极其相似。她会遇到一个对她好的男孩子，他会满足她的各种需求，于是开始了一段恋情。她不仅需要物质的满足，还需要伴侣对自己的高度关注。最后，男孩子们都筋疲力尽，天长日久，食之无味，又不堪重负，从而主动放弃。

小雪看似属于和小月完全不同的类型。她清楚地知道无法靠外在的人事物来满足自己内心的自卑和不安全感，她早已在母亲的调教下学会了独立自主地生活，大学毕业后就有了一份待遇丰厚的工作。只是在与大学同学婚后的那几年，两个人的差距越来越大，她在婚前就对先生的能力打了个问号，婚后被一一应验。小雪在职场上像女强人似的打拼，两个人渐行渐远，婚姻形似空壳，伴侣如同室友。

这些年我做婚恋家庭咨询的工作对象一般是女性群体，可以将在婚恋问题上有烦恼的女性朋友简单分成以下两类。

第一类女性，不管自身条件如何，也不管如何展开一段恋情，故事往往都会伴随着无休止的物质索取或情感索取。尤其是当在情感上得不到满足的时候，她会制造出很多事情来引起对方的注意，不是连环夺命电话，就是拿生活中的小事挑起争端，但从不直接表达自己的需要。小月就是这类女性的典型代表。这类女性还存在一种看似不同的模式，比如她可能表现得不那么拜金，对某些男人事事迁就，样样顺从，以至于自己被控制、被吞没，甚至被伤害，从而让自己显得被需要。对于这样的女性来说，其本质原因都是内心爱的匮乏，只能向外索取或抓取。

第二类女性像小雪一样，显得更加成熟独立，她们在从小的教育或者后天的成长中早早就知道无法靠外在的人事物来得到爱，所以就变得独立自主，自给自足。只是铠甲穿久了，她们就以为这是皮肤。女强人的刻板印象让小雪自己催眠自己，以为强悍和温柔不能并存。其实与小月相比，小雪已经体现出了女性的进步，因为小雪毕竟是靠自己的能力过上了独立的生活。就算她内心希望有比她能力更强的男人来爱她，她还是会用很多道理来说服自己：男人是靠不住的，只能靠自己。日久天长，小雪早已忘记脆弱是怎么回事，感受是怎么回事。当身边的男人做出不靠谱的事情时，她不会表达内心的难过，只会像男人那样去跟男人讲道理。这类人完全把自己女人的天性扔到了一边，矫枉过正，阻止了自身女性能量的流动。

在生活中还有另一种女性，她们能真正活得快乐。她们已经充分地证明了自身的价值，她们像男人一样拥有自己的事业和独立的精神，融化了那层曾经粘连在自己身上的像铠甲似的皮肤。阴阳两股能量，在她们的身上体现得无比和谐。这样的女性不仅实现了自己的价值，而且在关系中帮助对方实现了自我价值。

我们都知道马斯洛的需求理论层次，如果将其变一下形，我们就可以得出一个女性在关系中的需求理论层次：

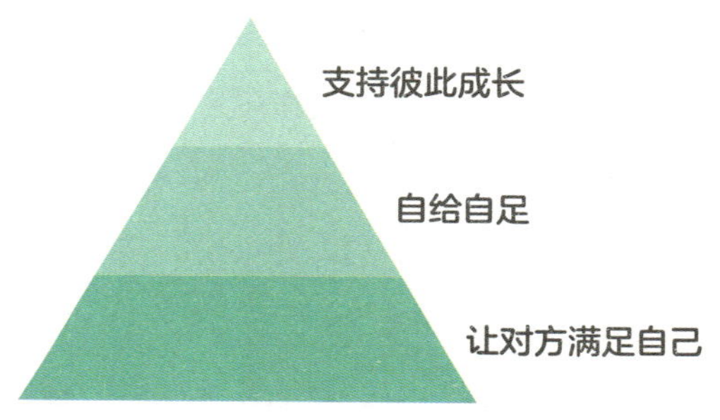

女性在关系中的需求理论层次

小月显然还停留在希望对方满足自己的基础层次上，小雪已经到了自给自足的层次上。她们如果只停留在这两个层次上，就说明并没有把亲密关系的意义了解透彻。处在第三个层次的女性，已经解决了第一个层次的问题，她的内心对自己有充分的安全感，同时没有恐惧，她愿意向对方敞开自己的心扉，告诉对方自己的感受，无论自己的感受是脆弱还是坚忍。她愿意拥抱生命的河流在她身上留下的痕迹，并不为此而焦灼。不管是喜怒哀乐还是生老病死，她都愿意去经历，经历时充分投入，离开时坦然转身。她不跟自己较劲，这大概就是处在这一个层次的女性最显著的能力。她们可以是妻子、母亲、女儿，对于各种角色，她们都投入得恰到好处。她能将身上的阴阳能量运用自如，男人因为她的这份真实和生动而对她百读不厌。

如何判断自己处在哪个层次呢？来让我们一起做个体检吧。

首先，来看内心状态。如果你的内心时时都被亲密伴侣占据，或者把过多的精力投在对方身上（这份精力里也许包含你对他的要求），那么不管你的内心常常出现的是好的画面，还是不好的画面，都说明你处在第一个层次上。你如果没有执着于小情小爱，大部分时间被事业占据，在偶尔想起亲密伴侣时，你的感受是满满的愤懑和哀怨，就说明至多处在第二个层次上。

其次，来看与异性的互动模式。如果你的伴侣对你的态度由讨好转为勉强，甚至频繁出现无力感，就说明你可能索取太多，还处在第一个层次上。如果你的伴侣不再跟你讲真心话，只聊些家长里短的杂事，就说明你可能处在第二个层次上。

最后，来看家庭气氛。处于第一个层次的女性的家里往往充满着争吵声。处于第二个层次的女人的家里，基本上没有争吵声，甚至基本上没有人声。

处于第三个层次的女性，不会像处于第二个层次的女性那样，只会用理智的头脑和男人说话，更不会像处于第一个层次的女人那样，只会通过无理取闹来索取自己想要的东西。这类女性是真实的，会真实地表达自己的感受；她很勇敢，勇于敞开自己脆弱的内心；她很善于接纳，面对对方带给她的课题，她很包容；她还充满智慧，懂得如何去应对这些人生课题，来帮助对方成长。

幸运的是，处在第三个层次的女性，大多并不是天生就如此。她们同样经历了前两个层次，通过不断自我成长，成为一个内心自由、外在和谐的人。你如果现在还处于前两个层次，就请认真地往下读，思考该如何活出自己，如何支持关系中的另一方，从而经营幸福的生活。

首先，学会对自己的人生负责

我在春节期间的一些新闻里看到，很多父母不到大年初二是不允许自己的女儿回娘家的，吃年夜饭时不允许女性坐在主桌，因为这就是所谓的风俗。可想而知，那些在这样的环境中长大的女性，其低自尊的心理情结会影响她的方方面面。她可能已经接受了良好的教育，已经离开了家乡，但那些画面已经深入骨髓，内心存在着深刻的不配得感，致使对方只要能给予自己一份生存保障，就能换取她的下半生。像这样进入婚姻的动机，无疑会换来失望。问题是，大多数处在这个阶段的女性在意识到这一点之后，便过度地批判和苛责自己，但因韶华已逝而变得无能为力。要想让自己的生命有更多的自由，就必须努力争取。现代社会给了我们更多的权力和工作的机会，我们只有经济独立了，才有可能谈精神独立。

然后，我希望你学会接纳

我希望你首先学会接纳家人。也许先生和孩子总有一些不尽如你意的行为和习惯，当你看见这些行为而出现情绪时，我依然希望你能看见你的情绪背后的执着，因为你想让对方和你一样，这样的操控感仍然来自第一个层次对我们集体潜意识的影响。我们的内心越稳定自足，就越能容纳外在世界的多样性，就越懂得欣赏外在世界的个性。我们的内心之所以有冲突，往往是因为对自身的不认同和对自身局限性的不接纳，说到底还是因为我们处在第一个层次。

接下来几步，是很多女性卡住的地方

很多现代女性明白，自己如果将喜怒哀乐寄托于外境，就会感到痛苦，所以习惯在自立自强上用力过度，以至于已经忘了自己原有的女性能量。其实我们是可以真实地展现自己的，不管展现的是自己的坚强还是脆弱。我们往往在筋疲力尽的时候用责备、嘲笑，甚至吼叫来表达自己的情绪，其实我们在最爱的亲人面前，只需要把那件硬硬的铠甲卸下来。接下来，就只剩下技术问题了。当真实地表达了自己的感受和需要，而不是评判和指责时，我们就会触摸到真实的自己，同时对方会因为这份真实而感动，也会卸下他的铠甲。两个人不会因为这份真实而互相攻击，也不用担心这种真实的坦露会受到嘲笑或贬低。这种展现脆弱的真实是如此有力量，它让你们俩的心贴得更近。

此后，虽然你与你的亲密伴侣已经建立了深度的联结，但在平时他总会制造出各种事端，让你有一种出其不意的感觉，通常这些感觉都会让你出现负面的情绪。但价值就在这里，当你看见自己的负面情绪出现的时候，这就是一个很好的机会，可以问一下自己："我为什么偏偏对这件事生气呢？这样的事在我的人生历程中何时曾经出现过吗？"

通过这样不断自问，你就有机会对自己进行更加有深度的探索，这样的探索越多，你对自己的了解就越深。可能某一天，你一下子明白过来，你之所以受不了先生东扔一只鞋、西扔一只鞋的状况，是因为你接受不了一个不遵守秩序的人。这是由于你的父亲总是做些出格的事情让母亲生气，而你自然地把这部分愤怒承接了下来。既然你的人生是属于你自己的，你就没有必要继续承担母亲的人生。你要用刚刚学会的表达方式好好地向先生表达出自己的心理情结。你会发现，对方在深深地理解你之后，行为就会发生改变。

最后，在爱中共同成长

当你在关系里慢慢发现了更深层的自己，将婚姻里的任何冲突都看作自我成长的机会后，伴侣会因为在你身上看到了和谐而感动，并试着向你求助。男人在看见自己的伴侣成长后，第一个反应是好奇，然后出现的行为是模仿。他会在发泄完愤怒后，脆弱地自问道："我刚才怎么变成了这个样子？"这就是你帮助他成长的好时机。如果你的伴侣在你的帮助下，对自己进行了深度的心理探索，并在你们的爱中重新整合了人格，那么这就是亲密关系带给你们的至高无上的意义。

当不再花时间与自己的安全感较劲，也不把自己的人生搞成战场时，你便学会了为自己的感觉负责。当情绪浮现时，你要勇于探索，不要过度责备眼前这个把你的情绪挑起来的伴侣。更重要的是，当把自己在成长道路上得到的经验分享给伴侣，给伴侣指引时，你就会发现亲密关系的真正意义，会变得更加完整，活出了真正的自己。

02

第二篇

改变，从心与心的沟通开始

在亲密关系中，如何让沟通变得更加有效

男女之间的沟通问题，基本上贯穿于交往的整个过程。刚开始在“爱”的蒙蔽下，两个人的沟通问题还不会显山露水，经年累月之后，由于男人和女人之间的差异，两个人就容易将沟通的隐患升级为沟通障碍。

以下的对话模式在我们的生活中经常出现：

女：“你怎么总不给我打电话？”

男：“我怎么没有打？前天不是还打了？”

女：“你就是没有打！”

“你心里根本就没有我。”

“你根本就不爱我！”

男：……

虽说男人与女人之间的差异真的是多得数不完，不过在这篇文章中只讨论这两种差异：男人怕被批评，女人怕被忽略。这是男女之间的天然差异，在生活的方方面面都会有所体现。在恋爱双方的沟通中，会因为这两种差异而引发摩擦、冲突，甚至导致分手。对

照上面的这段对话，如果男方认真地倾听对方在话语背后的真正需要，双方就可能不会有后面的唇舌之争。如果女方一开始就能表达出自己的感受和需要，而不是用绝对化语言来声讨对方，那么男方就不会出现本能的反抗反应。如果说男女之间出了什么问题，那么问题有可能是互相抬杠，双方都需要承担自己的责任。

为什么生活中常常会出现“暴力沟通”？根本原因就在于很多人忽视了对方的感受和需要，而且将产生冲突的责任归咎于对方。不论是语言暴力、精神暴力、身体的暴力，还是家庭暴力、家族暴力，都是源自双方没有承认内心的恐惧。

双方只要学会两性沟通的方法，就能避免发生如同火星撞地球的暴力冲突。男人和女人要学习的重点有所不同。假设你是一位女下属，在跟你的男上司抱怨工作时，如果他能特别认真地倾听你的讲话，并且每次都不断地鼓励你继续表达，从不打断你，甚至能把你想说但说不出来的话表达出来，那么你会不会觉得跟着这样懂你的老板工作太好了？假如这位男上司工作太投入，以致忘了时间，接到了他妻子的电话，妻子说：“老公，我把饭烧好了，在家里等你回家，现在离你平时回家的时间已经晚了一小时，我感觉有些着急，你能告诉我你回家吃饭的具体时间吗？”这位男上司就会马上收拾东西，快速离开办公室。

事实往往如此，好男人和好女人就是这样互相成就的。男人属于目标和问题解决型，倾向于直达目标，直接解决问题。如果妻子能在沟通中不带有任何批评，只把自己的感受和需要表达出来，老公就会迅速用解决问题的方式来满足妻子的这份需要，这样妻子的目的就达到了。女人属于状态和感受型，更关注自己的感受，如果

能真实地找到自己的感受，能想明白自己的需要是什么，并将其表达出来，那么问题就能得以解决。

很多人的问题往往是，男人不懂倾听，女人不懂表达。

到底是什么阻止了我们去倾听别人的内在声音？是评判。我们常常在对别人进行评判：老公不按时回家，他就是个不顾家的人。老板又安排给我一项我不愿意做的工作，他就是个不懂得体恤下属的人！我们还常常对自己进行评判：我如果达不到自己的期待，就是个失败者！我们在经年累月中学会了评判，所以没有耐心去倾听别人的声音，男人在女人还未开口时看到女人脸上已有愠色，就在内心产生了一种评判："她又开始给我脸色看，太不体谅我了。"这种评判往往出现在倾听之前，这个男人并没有去倾听女人的内在声音。这个男人如果能放下评判，耐着性子倾听女人的内在声音，就会发现，那个声音只是在说："我很想你，想得到你更多的关注。"而且会发现，之前的那个评判就不成立了。

究竟是什么阻止了我们自如地表达自己的感受和需要？在心理咨询或者授课中，我经常问对方："请你告诉我当时的感受是什么。"大多数人觉得找到自己的感受和需要非常难。最近与一位业内的老师一起筹备帮助大龄青年告别单身的课程。我们决定在第一课时，要求大家开始练习寻找感受和需要，结果很不理想，十个人里能准确地找出自己感受的少之又少，能表达出自己需要的几乎没有。我们在自我成长的这几十年里，一直在学习如何有"想法"，甚至学习如何去"评判"，没有人告诉我们应该把自己内在的感受保留住，我们反而会以表达感受为耻。因为从小到大父母都不允许我们表达自己的感受，所以长大后，我们学会了用想法或评判来代替感受，比如我觉得你不爱我，我觉得你不在乎我，你是个混蛋，我是个没用的人，等等。在沟通中，这样的想法或评判并无实质的意义。这时女人不妨耐着性子，在出现想法和评判之前先客观地描述感受，比如："我没有接到你的电话，我很担心。"女人如果进一步发现自己的需要就更好了，比如："我的这份担心表明我需要你经常与我保持各种形式的沟通，你能每天给我打个电话吗？"

如果女人能像这样表达出自己的感受和需要，男人自然就能听得到。如果男人能准确地捕捉到对方的感受和需要，并且给予反馈，那么女人就会因为对方"懂自己"而解决掉各种生活难题。

最不希望看到的是，女人一味地表现贤惠体贴，压抑自己的感受和需要，一切以男人为中心。男人天生倾向于关注与目标相关的事物，容易忽视女人内在的感受和需要。很多伴侣平时缺乏沟通，男人觉得理所当然，女人却觉得受尽委屈。女人天然的发散式认知模式让她更关注别人的感受和需要，而男人不具备这样的功能。经年累月中，女人常常在恋爱或婚姻中一边牺牲着自己，一边埋怨着男人。面对一直被压抑的感受和需要，女人还错误地将其理解为坚强和独立。于是，女人的付出越来越多，得到的越来越少，她便强化了这种坚强和独立的模式，甚至丧失掉最初吸引男人的女性特质。男人从未关注到女人的这些变化，在他眼里，这个女人从最初的温柔乖巧变成了今日一开口就指责的女汉子。

到底是谁成就了谁？谁又应该为这样的结果来买单？

亲爱的，请你用心听我说

老公下班回家后，看到老婆一脸怒气，询问原因。

老婆：“我工作那么努力，但我的老板一直是从头管到脚，把我当三岁孩子对待！我真的不知道我要怎么做他才能满意！”

老公：“你有没有想过他为什么挑剔你呢？你自己有没有把工作做到无可挑剔呢？”

老婆：“晚上你自己上外头吃去！”

在日常生活中，大家对上面这样的场景是不是很熟悉？老公很认真负责地帮助老婆分析问题，没想到惹怒了老婆。看到这里，十有八九的男士可能这样想：“这老公没说错啊！多好啊！还帮老婆分析问题。”十有八九的女士可能这样想：“这男人活该！”问题出在哪里呢？

原因就在于我们不懂得什么叫“倾听”，顶多懂得如何去“听”。这两者有什么区别呢？我坐在电脑前打字，进入我耳朵的有敲键盘声、窗外的汽车声，还有楼道里偶然路过的脚步声，这些声音直接进入了我的耳朵，这就是“听”。但当和朋友聊天时，同样面对这些声音，我可能都听不见了，我只能听见我的朋友跟我说话的声音，这才是“倾听”。也就是说，倾听是全神贯注地听，也是认真地听。

也许有朋友看到这里会说：“这有什么难的？我天天在倾听啊！”

真的如此吗？

我经常在培训中让大家做这样的现场练习：请用五分钟的时间静静地倾听对方说话，在此期间除了“嗯”以外不做任何回应。这看似平常的五分钟，对于负责倾听的那个人来说，往往非常难熬，通常练习结束后，他们会有如下反馈：“天哪，他说了这么多，我都顾不过来……”“他说得没意思，我都听不进去……”“憋死我了，我老想跟他聊聊我的想法！”

这个练习的目的就是看看自己是不是一个合格的倾听者。我们在日常沟通中往往说得多、听得少，即使我们在听的时候，也不一定是在用心听。就像以上的练习，对方说的一句话，就激起了我的内在反应，由于我执着于我的那个反应，因此不管对方说的是什么，我都听不进去，或顾不过来，或者总忍不住想打断对方，发表自己的观点。这就导致了平时的沟通很少有高质量的倾听。

到底是什么驱使了那个反应的产生呢？

是评判！

古人在造字时是颇费心思的，繁体的字形往往具有深刻的含义。我们来看“聽”这个字，将其分开拆解看：右边结构上部为“十目”，右边下部为“一心”。“十目”代表很多双眼睛的意思，就是将全部的注意力用在“一心”上。仅此还不够，再看左边的结构，耳朵很容易理解，但为什么会有个“王”字在耳朵下面呢？其实它代表的是在倾听对方的过程中，要放下自己的王者之心，也就是评判之心。在本篇开头的那个案例中，其实老公并不是以一种真正了解事情经过和细节的态度去问老婆究竟发生了什么，而是出于固有的评判，想当然地对老婆提出了指责。本来老婆还需要消化情绪呢，老公还在火上浇油，这换了谁都会生气。想想看，这样的案例在生活中时常发生。

不只是夫妻间，面对我们的父母、孩子、朋友、同事，我们也很容易在对方话还没说完的时候，就产生了评判，要么打断对方的话，要么在内心继续生出更多的评判。在本篇开头的那个案例里，也许在老婆说出第一句话的时候，老公的内心就已经开始产生评判了："她老是看不见自己的问题，又经不起批评。"于是，无论老婆说什么，老公都听不见了。

其实作为成年人，我们应该明白，自己的评判是多么不靠谱。就像经典电影《罗生门》中描述的那样，每个人看见的都是自己想看见的部分。如果我们不了解事实的全貌，我们提出的一些所谓的好心的"建议"就只是基于自己的评判立场，不但对当事人不公平，而且对两人的关系起不到良好的促进作用。

我们如果放下评判心，用空杯心态去倾听对方，就真的能听到对方的心声吗？未必！就算我把全部的注意力都放在对方身上，就算我放下自己的价值观，不做评判，就算我能复述出对方的语言信息，也未必代表我真的听懂了对方的意思。

如何才能真正听懂对方的意思？我想我们至少需要关注以下五个层次的信息。

第一个层次：关注对方的话语信息

第一个需要关注的内容是对方的话语信息，做到这一点并不难，只需要让自己安静下来，把对方的话全程听下来，甚至复述出对方的内容，这是小时候做听写训练就能练就的技能，但问题就在于很多人只停留在这个层次上。

比如说，你的女朋友一闹情绪就跟你提分手，你如果真信了这句话的字面意思，就只能注定单身。你如果注意到女朋友噘着嘴佯装生气的样子，就要明白是自己在某些方面惹对方生气了，她说要分手其实只是在表达愤怒而已。

第二个层次：观察对方的身体语言

倾听的第二个层次是观察对方的身体语言。研究表明，身体语言所传达出来的信息占总的有效信息的 55% 左右，话语信息其实只占 7% 左右。这个研究成果在生活中很容易让人理解。当你遇到下属微笑着向你问候早安时，她却在你以为看不见的时候对你翻了个白眼，虽然对方通过语言表达了礼貌，但那一个白眼才反映了她内心真正的想法，所以察言观色在倾听时就显得非常重要！

第三个层次：倾听出对方的感受

倾听的第三个层次就如同高情商和普通情商的分水岭了。你能不能倾听出对方的感受？这可不是一件容易的事，因为我们经常会把想法和感受混为一谈。比如上例中，老婆的想法是她的老板不应该挑剔她，与此相应的感受是委屈、挫败和沮丧，甚至还有愤怒。我们都知道，当事情发生以后，要先处理情绪，再处理事情，所以当对方已经明显地陷入情绪里时，你还在跟她谈想法、讲道理、分析问题，自然是无效的。就像一个装满水的瓶子，你如果不把它倒空，就无法再往瓶子里灌水。

要做到这一点，对于男性或某些强悍的女性来说，真的不容易。他们从小就被教导把感受隔离掉，所以想让他们主动感受别人的感受，是需要时间来学习的。因此，倾听到对方的感受非常重要。

第四个层次：倾听出对方的需要

你如果能抓住对方的感受，再往前走一步，就会成为一个人见人爱的、高质量的倾听者了。倾听的第四个层次就是能倾听出对方的需要。在这个案例里，老婆的感受是委屈和沮丧，她的需要是什么呢？她当然希望自己的付出能被老板肯定，但比这更重要的是，此时此刻，她在跟自己的老公倾诉，所以她更希望得到自己老公的认可和肯定，就算老公不认可自己的工作业绩，哪怕只认可自己的工作努力程度，也会让她好受些。

第五个层次：高质量地向对方反馈

难道倾听就是干巴巴地听对方说吗？其实在倾听时，不打断对方，不做评判，只是做到了一半，另一半是要高质量地向对方反馈。我们假设已经准确无误地倾听出了对方的感受和需要，那么究竟应该怎么回应对方呢？

要想做一个高质量的回音板，以下步骤少不了。

第一步：做到真正的接纳

首先，你要做到真正的接纳。除了放下评判心、全身心地积极关注对方以外，你在倾听过程中要带着强烈的好奇心去听，就像自己是一个完全倒空的杯子，任由对方汩汩地往你的心里灌水。这个时候你如果站在对方的角度思考，就能体会到对方说话时的心态和情绪，就能很容易地接纳对方。

第二步：在倾听的过程中保持适当的回应

其次，在倾听的过程中，要保持适当的回应，比如“嗯”“啊”“哦”等，以显示自己的关注，还要注意自己与对方身体语言的一致性。这些回应都是在鼓励对方给你更多的信息。记住：沟通是一个双向的过程，你可以适当地重复对方的话语，来确认你对他说的信息准确理解与否，否则就会变成一个单向的过程，有可能滋生很多误会，增加沟通成本。

第三步：倾听后准确理解对方的感受和需要，并反馈给对方

最后，如果你能通过倾听将对方的感受和需要准确地读取出来，并反馈给对方，那么对方肯定觉得你非常理解他，甚至你有可能读出他自己都没有意识到的需要，这样你们之间的距离瞬间就被拉近了。接下来，你无论要给对方提什么建议，都变得容易了。

看上去倾听是为了服务别人，为了促进两个人的关系，但你如果带着深入了解自己的心态去用心觉察自己，就会在倾听别人的过程中，敏锐地觉察到自己在起心动念，就会捕捉到自己内心涌起的

各种感受。这时，你不妨先让自己的反应暂停。因为当我们听到对方的话语时出现了反应，这对于我们自己来说是非常有意义的。我们可以借着自己的反应回忆和思考一下：“我为什么会有这样的感受？它来源于什么时候的什么事件？”当然，这里指的是那些别人没有什么反应，而你容易出现反应的事件。在生活中，对于那些有偏执信念的人来说，这是一个了解和探索自己的好机会。我们如果经常留心生活中的对话，就能顺藤摸瓜地找到让我们出现反应的事件，就能在不知不觉中更加深刻地理解自己。

所以，我们要在生命中多创造机会去接近自己，倾听不但可以让我们更加了解对方，维持较好的关系，而且为我们提供了发现未知的自己的机会。

唤醒爱的不是味蕾，而是感受

有一天，为了放松自己，我和家人一起去看了一部美食恋爱电影《喜欢你》。电影的剧情是老套的霸道总裁爱上玛丽苏，我如果用人性的角度去诠释，就能感受到另一种味道。

由周冬雨饰演的顾胜男虽然看似用美食打动了挑剔刻板的由金城武饰演的路晋，但让路晋离不开她的原因是顾胜男拥有丰富灵动的人格，那些不按规矩出牌所带来的感受让路晋一直压抑的自我得到了充分的释放。路晋与父亲的对手戏只有寥寥几句，却交代了他和父亲之间情感隔离的代际传承所带来的危害，内心对爱的渴望突然被唤醒。“从不和其他人一起吃饭”的这条规矩，表明他在压抑潜意识里无法满足的渴望，很多人嘴上说着“不需要”，其实就是在表达“需要”。

这一切套路都由顾胜男来破，废除路晋如钢铁侠般铜墙铁壁武功的并不是简单的一口锅、一碗汤，顾胜男唤起的是路晋内心深处对家的温暖的渴望。

女性读者向我提出最多的问题，就是投诉男人情感隔离、不懂风情、不够善解人意。妻子经常兴冲冲地换上一件新买的衣服，结果过了大半天，老公都没发现。或者妻子为了表现自己的贤惠乖巧，满足了家里所有成员的需要后，自己又一肚子委屈地埋怨老公对自己不体贴，或者抱怨老公总是在家庭事务上摆事实讲道理，感觉一点儿都不温暖。似乎个个都和电影里的路晋很像啊，他们的共性就是“没有人情味”！

果然如此吗？也许的确是事实。男人们自古以来就被赋予先谋生再谋爱的使命，从原始人的出门打猎到现今社会的养家糊口，男人们在竞争的环境里已经习惯保持肾上腺素分泌的紧张状态。也就是说，当处在紧张的“生存状态”时，他们要把感受这个东西扔掉，只有隔离掉感受，才能保持清醒的头脑去和敌人们作战。人类基本的感受都是相同的，人类基本的需要也是相同的，从小被压抑的感受并不会因为被隔离而彻底消失，如果一个人格丰富灵动的女性能将他内心那种柔软的感受唤醒，或者她正好能够满足他心里一直没被填满的坑洞，那么这样的组合就会如胶似漆。

在我所接触到的这部分女性读者中，我只要多问一些问题，就会发现她们大体分为两类：一类是情感隔离的女性，如今女性地位有很大提高，女人要和男人争取同样的利益，这类女性就自然而然地把自己打造成男人的样子，言谈间很少触及与感受有关的内容；另一类女性的感受能力依然很强，但由于经历了很多，总是沉浸在负面的情绪里，因此在表达感受时总是以委屈、抱怨或评判为主，她们把这些负面情绪投向了本来就包裹严实的男人们，从而让男人们只能通过逃避或深度隔离来保护自己。看起来，不良的两性关系就是通过这样的互动出现的。

要打破这个魔咒，还是女人更有天分。男人是靠感知女人的感性来感知这个灵动的世界的，他们很少能意识到自己在抱怨物价飞涨的时候，其实是在表达自己对生存的担忧，更不会意识到本质上是对自己能力的怀疑。只有当女人在他面前表现出焦虑和担心的时候，他才可能用羞愧或愤怒的方式来联结自己的感受。总之，男人看女人，就像在镜子里看自己一样。当女性在埋怨男人情感隔离或喜欢指责评判时，这才让男人在镜子里，也就是在伴侣身上看到了他自己。投影出了问题，是改投影还是投影源呢？

究竟如何从感受层面入手呢？接下来，我为女性朋友分享一些实际有用的干货，不管你是不是一个感受性强的人，利用以下方法都会有效地提高你的情感价值。

首先，尝试着找到自己的感受。不管你是不是女汉子，由于在我们从小所接受的教育里，“感受”是一个不被允许充分表达的元素，因此这条建议适用于所有人。感受和想法有明显的区别，当对一件事情表达自己的想法时，你往往是在用自己的大脑根据逻辑与对方沟通，但你如果只是在表达自己的感受，就回到了“心”的层面，能对关系真正起到正面强化作用的自然是心灵的交流。

也许对于我们现代人来说，找到感受不是件轻而易举的事情，因为我们已经习惯使用大脑，坚信大脑给出的答案是唯一正确的。我推荐一个能找到感受的有效途径，就是多从身体层面入手。在运动时，或在做理疗时，或在简单地静坐时，请用心体会身体每一寸肌肤的感受变化，比如是麻，是痒，还是酸。当用心地感受时，你甚至能感受到皮肤上的汗毛与空气摩擦产生的拂动。当然这不是一天就能做到的，你只要从身体层面入手，自然就会提高对感受的感知力，就会越来越精微地感受到自己内在情绪的起伏。

其次，学会体会和表达这些感受。当在对爱人表达自己的感受时，如果你只是说“你很过分”，那么对方受到这样的评判后就会很生气。如果你回到感受本身，只把感受表达出来，只说“你这样做，我很伤心”，那么对方收到这样的讯息后，回应的方式自然就会不同了。

在家庭中，母亲对孩子的影响至关重要。一个牙牙学语的孩子因为讲不出委屈而哇哇大哭，这时妈妈呵斥道：“不许哭！要坚强！”这个孩子就会把这份委屈的感受冻结在身体里。由于这份感受不允许被表达，因此可能形成一个小创伤。如果这样的事件在孩子的成长过程中经常发生的话，那么孩子在成年后往往无法联结到自己的感受。假如作为母亲的你，只是轻轻地抱住孩子，对他说：“宝宝很委屈，很想哭，对吗？”孩子接收到了这份表达，一是能让他明白自己现在的这个感受是委屈，从小就能懂得识别感受；二是能让他在潜意识里释放这份委屈，不会形成创伤。

再次，当经常与自己的感受联结，并能自如地向对方表达时，我们就能渐渐学会共情对方的感受。当你的爱人处在痛苦或其他难以描述的情绪中时，如果你能把他的感受读取出来，并反馈给他，他就会觉得你理解他。当看见低垂着头的爱人时，你轻轻地对他说：“你遇到这样的事，心里一定很憋屈吧？”这一份理解，会让任何一个人一下子得到安慰，他会感受到内心的难过是被允许的，在你这里释放情感是安全的，他的心自然会与你贴得更近。一个人之所以无法理解别人的感受，往往是因为自己的人生经历不够丰富，无法拥有同理心。共情的表达，用简单的一句话概括就是：“我懂你的不容易。”

最后，看见对方的伤口，去滋养对方。路晋的内心一定对温暖的家有渴望，可能是母亲的缺位给他造成了创伤，他便将自己的情感隔离起来，以保护这个创伤，只能将这份渴望通过舌头来体会。餐桌就是温暖的家的象征，能在一个餐桌上一起吃饭，是他内心最强烈的渴望。我们经常提到原生家庭对一个人的影响，在这一点上，路晋的父亲是路晋孤僻性格的造就者。一个好的恋人就要懂得与这样的父母做得不一样。顾胜男并没有被路晋的怪癖吓倒，而是直接坐下来与他一起进餐，这看似违背了路晋的愿望，但实际上硬生生地满足了他内心深处自己都未觉察到的渴望。还有什么能比"连我父母都做不到的事，而你做到了"更让人动心的呢？

爱一个人，为他做一桌好饭只是爱的形式，在这种行为背后的情感联结，才是人内心深处真正的温暖所在。

会不会提问，不仅决定了你的情商，还决定了你的人生

你在生活中会不会出现这样的情况？你在跟朋友聊天的时候，明明很关心他，但感觉谈话无法继续，对方除了"嗯""啊""哦"外，就没有回音了。

你也许发现孩子他爸跟孩子在一起的时间似乎并没有你和孩子在一起的时间多，但孩子就喜欢和爸爸聊天。

在我看来，上述问题的罪魁祸首可能就是你根本不会提问！

我受朋友之邀去她的新家暖房，我按了门铃，躲在一束花的后面，想用她最爱的香水百合给她惊喜，门开后我却听到一个男人说了句："这谁啊？买这么一大束花，得花多少钱啊？！"不出我所料，是朋友的老公。我有些尴尬地嘻哈了几句后进门。

我朋友在餐厅和厨房里忙前忙后，她邀请来的几位女性朋友就由她的先生代为招待。能看出来，她先生是个挺热心的人，但不知道为什么，在一来二去的对话里总是让人不太舒服。比如，他会对着在厨房里忙碌的太太说："你怎么不把那只鸡早点炖上呢？"他会问我身边已经 37 岁的女性朋友："你究竟为什么不结婚啊？"在他四岁的儿子跑来向他求助，要求帮他找玩具时，他会边找边嘲弄

孩子：“你怎么连这点儿小事都干不了？！”

虽然他在说每句话时的态度都很诚恳，脸上带着微笑，但我们这帮闺蜜面面相觑，恨不得早点吃完离开。我似乎更能理解我的这位朋友了，明白了为什么她这些年来由一个乐观开朗的小姑娘逐渐变成了一个怨妇。

像我朋友老公这样的人，在生活中并不鲜见。他在跟人说话时不是出于恶意，而是出于好心，但他传递出来的信息让接收者感觉非常负面。其实当说出那句关心我未婚的女性朋友的话时，他紧接着要做的是热心地为她介绍男朋友。但由于他在提问时采用了否定的形式，因此破坏了彼此的关系，对方心理的阻抗已经产生了，不管他再说什么，再如何表达自己的好意，对方都听不进去了。

我曾经听一位参与过汶川灾区灾后重建的心理专家分享过这样的一则故事。在做灾后心理援助时，有一位灾区的老人家，快 70 岁了，失去了 18 位亲人，她特别痛苦，不愿意跟任何人讲话。有一位社工接到任务去陪护这位老人，他走到她身边，拿了一个凳子坐下来开始聊。结果这个半天不说话的老人越说越激动，越说越兴奋，状态越来越好，这位社工和她聊到很晚才回营地。大家都很惊讶，去问老人家：“这个社工朋友跟你说什么了？你怎么说了那么多话？”

老人家说：“这个社工别的什么也没说，总问我一句话：‘你是怎么做到的？你的这个想法是怎么出现的？当时你是怎么考虑的？’”结果老人家谈到了自己在地震发生后救了多少人，谈到了她跟小孙女的关系特别好，跟老伴的关系也很好，还谈到了自己退休前的工作。

那位社工用一种好奇的、谦卑的、充满兴趣的态度，引导当事人分享她的生命故事，这就引发了老婆婆积极、正向的思考。老婆婆在回答问题的过程中领悟到应该把自己照顾好，并且在思考应该怎样把自己照顾好，怎样过好后面的生活，怎样积极自在地、充满信心地走好未来的路。简单的几句问话，就让当事人有了信心，也有了力量。

同样都是提问，但给人的感觉区别竟如此之大。日本作家粟津恭一郎在他的《学会提问》一书中将第二个故事的提问方式叫作优质提问，把第一个故事的提问方式叫作劣质提问。我们能想象得到，坚持优质提问和劣质提问的人生会有多大的差异。更重要的是，优质提问具有强大的力量，能改变自己和周围人的人生轨迹，让大家朝着更好的方向发展。

为什么会这样？首先，我们要面对一个现实，就是我们每个人每天都在被提问所支配。大家有没有看过一个视频《看不见的大猩猩》？这是心理学上颇为有名的选择注意力实验。在看第一遍时，我相信很少有人注意到那只黑猩猩，就是因为视频在刚开始提出的问题是："穿白衣的人总共传了多少次球？"在这样的提问下，观看者会有意识地将注意力全部集中在白衣人身上。显然，这不是视力的问题，这充分证明了如果我们的大脑过于关注某一点，其他的信息就很难进入大脑。人的意识是可以被提问所控制的，一旦提问改变，人所关注的事物就会发生变化。

提问具有强制思考的力量。当被唐突地提问时，我们在听到问题的一瞬间，会开始思考，但这样的提问容易使大脑的思维运行出错，从而引发不悦的情绪，于是我们就给对方贴上了"没有礼貌”“缺乏教养”的标签。一个目标积极的提问自然会带来一段积极的关系，对方乐意回答，而且有可能在回答问题的过程中对自己有新的发现。相反，一个目标消极的提问会破坏一段关系，让对方不愿意回答，甚至直接绝交。

怎样才能让自己一直问出优质问题，并且赢得别人的喜爱，从而给彼此的关系赋予正能量呢？

优质提问的特征

优质提问有以下几个特征：

①优质提问能让被提问者的内心有新的发现。

②优质提问的目标是导向积极的未来，而不是消极的过去。

③优质提问属于开放式提问，而非封闭式提问。

满足优质提问特征的具体步骤

要想让提问满足以上特征，可以通过以下步骤获得：

第一步：用疑问词开头。

用疑问词开头，就是指英文中的“5W1H”。

Why：原因。

When：时间。

Where：地点。

Who：人员。

What：对象。

How：方法。

就像那位义工那样问："你是怎么办到的？""当时你是怎么考虑的？"

第二步：运用提问。

运用提问，帮助对方寻找他内化的理想和价值观，也就是把对方导向未来。所谓"理想"，指的是一个人希望达到的状态，或是真正渴望得到的东西和由衷想去尝试的事。"价值观"指的是一个人在判断事物时所遵循的原则。

第三步：将第一步和第二步结合起来。

第三步是指将第一步和第二步结合起来运用，这样可以让对方思考如何将脚下的路和未来的目标结合起来，怎样走这段路才更好。

我们如果将这样的句式用在平时和孩子的沟通上，就是在创造"能在孩子心里实现内化的提问"，往往可以取得立竿见影的效果。

比如：上小学三年级的女儿正在写作业，她已经写了两个小时，但还没有完成作业。妈妈过来问："你怎么还没做完作业？"或者说："你怎么连这么简单的题都不会做？"像这样用"怎么"开头的提问形式，孩子受到的就是斥责。如果孩子被这样反复提问，时间久了，她内在的声音就可能是："我怎么连这么简单的题都不会做？真是个废物！"孩子的自我价值感就会越来越低。

爸爸往往会问一些可以刺激孩子求知欲的问题，比如："你现在遇到什么困难了？""要想解答这道题，你觉得应该先从哪里入手呢？""把这道算术题画成图会怎么样呢？"甚至以后在轻松的环境中，还可以这样问："你想让爸爸妈妈在做作业这件事情上，给予你什么帮助呢？""你觉得要想成为理想中的自己，要具备哪些基本的技能呢？”

在这样不断的提问下，这些问题会像种子一样深埋在孩子的心里，逐渐内化，在每次遇到困难的时候，孩子都在想：“我要怎么努力才能克服困难呢？”而不是在想：“我怎么连这个都做不到？”

人只要拥有对未来的希望，就能战胜绝大多数的困难。眼下正被烦恼或难题困扰的人，只要对自己的未来抱有期待，就能想出解决问题的办法。为此，最好的做法就是制造出可以对未来产生憧憬的提问。你的提问，有可能使受困于某个问题的人恍然大悟，从此走向光明的未来，你也会因此被他铭记在心。

更重要的是，如果我们可以用这样的提问来问自己，那么我们的未来还有什么是不可能的呢？

问一下自己：“你真正想做的事情是什么呢？”

用对的方式爱对方

你有没有听过下面这样的话?

要看一个男人是否真爱你，别听他对你说了什么，要看他为你做了什么。

要讨女孩子喜欢，就要不断地送她礼物。

我对家庭所做的最负责的事就是多赚点钱，牺牲掉一点儿陪伴时间，她会理解的。

很多人对这些话耳熟能详，觉得这些话似乎很有道理。你如果把这些话当作真理，就可能要吃苦头了。多少在婚姻里磨合的男人和女人，都用这种自以为是真理的信条去对待对方。等真的千帆过尽，你才发现，原来自己只是在盲目地揣测对方，却从来未曾想过，对方需要的可能并不是这些。

在两个人的世界里，你所表达的爱的语言，跟你爱人的语言相比，也许就像汉语和英语那样截然不同。你们真的了解彼此的语言吗?

盖瑞·查普曼博士在他的经典书籍《爱的五种语言》中向大家揭示了他长达三十年的研究成果。人类基本上有五种爱的语言：肯定的言辞、精心的时刻、接受礼物、服务的行动、身体的接触。当然，每一种语言都有自己的方言，每一种爱的语言都有自己独特的方式。丈夫和妻子很少拥有相同的主要的爱的语言，我们都有自己主要的爱的语言的倾向。配偶如果不理解我们所表达的爱的语言，就会让我们感到困惑。同样，我们如果不能给对方需要的爱的语言，就会让对方有相同的感受。当爱情或婚姻进入磨合期后，我们要学会对方的主要的爱的语言，否则容易出现“鸡同鸭讲”的情况，甚至产生“对方不爱我”的误解，这样容易让感情走进死胡同。

为什么要研究爱的语言？因为爱这个东西实在说不清、道不明，我们在判断对方是否爱我们时，也许彼此的判断标准是大相径庭的，你认为陪我才是爱我，但我认为多多夸赞我才是爱我。这样的需要是从哪里来的呢？当我们还是孩子的时候，在我们的心里，都有一个情绪的箱子。当一个孩子得到了妈妈的用心陪伴后，他才能真正地感受到爱，才能健康地成长。但是当爱之箱空了以后，比如妈妈离开家很久，这个孩子就容易出现问题行为。这样的需求一直伴随我们进入成年期，进入恋爱和婚姻。在婚姻里，我们往往习惯要求对方用我们小时候体会到的爱的方式来爱自己，如果我们不把自己的需要告诉对方，对方就只会用他擅长的方式。想想看，如果他爸爸每次表达爱的方式只是给他买玩具，那么他就只会用这种方式来爱你。

五种爱的语言之一：肯定的言辞

只要你向配偶表达口头的赞扬，你的配偶就会非常受用。谁都希望被表扬，如果你的配偶的主要的爱的语言正是这一种，你就要用点儿心了。不能敷衍潦草地鼓励和肯定对方，需要有同理心，而且要站在对方的角度去看待这个世界。你先要了解对他来说什么是重要的，可以尝试对他说："我明白你，我懂你，我支持你。我能为你做些什么呢？"当然，说话的方式也非常重要。当你的配偶出现不良的情绪时，你需要用声调柔和的肯定性话语来安慰他。我们也可以用提出请求的方式来肯定对方，借着请求来肯定他的价值和能力。需要注意的是，最好别用要求的方式，如果你是用要求的方式，而不是用请求的方式，那么对方不但感觉不到被肯定，而且觉得被贬低了。

比如可以这样说："老公，你的动手能力这么强，又这么仔细，你有没有时间清洗一下家里的抽油烟机呢？"

如何判断你的配偶非常需要肯定的言辞呢？建议你用几个星期的时间，当遇到对方值得肯定的地方时就大加赞赏对方，他如果对此非常受用，并且能量满满，变得更加爱你，就说明需要这种爱的语言。以我的经验，我们大部分人很需要这种爱的语言。

五种爱的语言之二：精心的时刻

有一次，我问朋友的女儿，她的父亲经常在家里陪她，她是不是很高兴。她回答我说她并不高兴，因为她的爸爸虽然坐在她身边，陪她写作业，但一直在玩手机，并且时不时地数落她几句。精心时刻的意义，指的并不是我们必须用所有共处的时间去凝视对方，而是我们在一起做了一些事，并且给予对方全部的注意力。肯定的言辞的焦点是我们说了些什么话，而精心的时刻的焦点往往是我们听到对方说了些什么话。在陪伴对方时，你不要盲目地给对方提建议，只有当对方向你求助的时候，你的建议才是有用的。你特别需要注意以下几点：

①当配偶说话的时候，你要保持与他的目光接触。

②不要一边听配偶的话，一边做别的事。

③注意倾听对方的感受和需要。

④观察对方的肢体语言，这是真实的信息。

⑤不要打断对方的话。

如果配偶主要的爱的语言是精心的时刻，那么我建议你每天在固定的时间和配偶倾谈，你们各自讲讲当天发生的事，以及你们对那些事的感觉。像这样持之以恒的分享会让你们的爱情一直保鲜。

五种爱的语言之三：接受礼物

我先生在刚与我交往时很喜欢送我礼物，尤其爱送香水。可是我基本上不用香水，向他暗示了一两次后，他还是不改这个爱好。经过用心观察，我发觉他是一个特别喜欢接受礼物的人，而且他平时有用香水的习惯，我这才明白他是用自己的爱的语言来对待我，但这不是我的主要的爱的语言，所以送香水行为的投入产出比真的很低。如果你配偶主要的爱的语言是接受礼物，那么你给他买礼物就是最好的情感投资。

五种爱的语言之四：服务的行动

服务的行动是我们很擅长的爱的语言，想想我们的父母，想想很多流行歌词，常常在表达“爱你，就是为你做件事”的理念，这慢慢演变成了我们衡量一份爱是否真实的标准。不过，过度迷信这个标准就不对了。你如果认为对方不擅长为你做某些事，等同于对方不爱你，那么也许真的是误会了他。他只是不习惯在第一时间就提供服务。如果你的主要的爱的语言是服务的行动，那么你就平静地提出这个请求，不要一味地要求，否则只会阻碍爱的流通。

五种爱的语言之五：身体的接触

很多女性以为身体的接触是男人最喜欢的爱的语言，其实不然。在生活中，大量的女性将其作为自己首要的爱的语言。身体的接触包括牵手、拥抱、亲吻，以及性生活等。很多女性朋友非常渴望爱人每天回家后给自己一个爱的抱抱，走在路上时，希望他能一直牵着自己的手不松开。可能他在别的方面都做得很好，只是缺了身体的接触，你就会觉得心里不踏实，甚至感应不到爱。

到底怎么判断我和配偶主要的爱的语言呢？你可以采用以下四种方式来判断：

①你的配偶做什么事，或者不做什么事，会伤害你最深？与这件事相反的行为，可能就是你的爱的语言。

②你经常请求你配偶做的是什么事？你经常请求的事，可能就是你的爱的语言。

③你通常用什么方式向你的配偶表达爱？你表达爱的方法，也许就是你的爱的语言。

④观察你父母之间主要的爱的语言，你会不自觉地使用他们之间的爱的语言。

也许有人觉得伴侣之间要研究那么多事真是麻烦，其实不然。这是因为我们是在讨论爱，是在讨论你为对方做了什么事，并不是在讨论你为自己做了什么事。当发现了配偶主要的爱的语言时，不管这种方式是否让我们觉得不自然，我们都应该去用它。如果我们这样做了，他的爱之箱就会被迅速加满，他就有可能用你喜欢的方式给你回馈。当他这样做的时候，我们的爱之箱就会被加满了。

爱是一种选择，而且选择权就在你的手里。

给情绪一条活路，给自己一个空间

有一次，我在过马路时，看见身边出现了一个四五岁的小孩子，一边哭一边向前赶路。我循着他的目光望向前方，一位三十多岁的母亲，带着另一个六七岁的孩子远远地走在前面，根本不理会这个哭泣得已经失声的孩子。正在过马路的行人们都感觉到了这种气氛，自觉地用身体护佑着这个孩子顺利地过了马路。

我在马路边停下，继续观察这对母子的互动，我对这位母亲非常失望。孩子哭得声嘶力竭，追赶上妈妈后，用两只小手抓着妈妈的裤腿，似乎在祈求妈妈的原谅，妈妈不为所动，冷漠地看着这个孩子，只严厉地问了一句：“你错了吗？”在这个过程中，她的大儿子则在旁边茫然地望着路上的行人，似乎这一切都与他无关。

妈妈像被一种强烈的情绪笼罩着，这种情绪让她沉浸在自己的世界里，连自己孩子的安危都不顾。我如果是那个孩子，就可能从此产生一种想法：“我最爱的亲人随时可能离开我、抛弃我。”在生活中，这么小的孩子肯定会出现很多不是父母期待的行为，父母指正孩子的不当行为本身并不会造成伤害，但如果父母带着不当的情绪去惩罚孩子，尤其像这位母亲一样，使用冷暴力，并且持续了十多分钟，这样的方式就容易让孩子的心灵产生创伤。

在心灵成长的过程中，很多朋友其实已经知道管理情绪对自己非常重要，只是在生活中还会遇到情绪问题。比如，最近就有朋友这样问我：“我一直在练习表达自己的感受和需要，初次运用时效果特别好。我满心欢喜地以为自己已经掌握了幸福生活的秘诀，但一遇到生活中的老问题，我的无名之火就会迅速升起，情绪完全不受控制，把之前辛苦练就的武功全废了！ 我的情绪问题是不是一辈子都改不了了？”

像这样的情绪问题，可能会出现在很多人身上。

承认情绪，给负面情绪多点时间

情绪问题一旦出现，我们是没有办法把它塞回去的。我们常常劝别人不要害怕或者不要紧张，但通常对方已经害怕或者已经紧张了，而且没办法马上摆脱这样的情绪。我们要接纳情绪的存在，不要否认它。因为一旦否认，我们就连面对和处理的机会都没了。一个人如果长期不允许自己或他人出现任何的情绪，就会让别人觉得他是个冷漠或冷酷的人。就像本篇开头的这位妈妈一样，对小儿子的情绪常常没有反馈，久而久之，就容易变得麻木不仁。其实情感隔离的习得并不需要太久的时间，看看她的大儿子就知道了。

情绪的形成并不是一天两天的事，往往经历了长时间的演化，很难完全摆脱。如果我们带着想要消灭情绪的动机来学习管理情绪，动机的本身就是一种与情绪的对抗，结果往往是无济于事的。所以，我们要学习如何适当地表达情绪，而不是要求自己没有情绪。

著名心理咨询师洪仲清在他的新书《给情绪多点时间》中提到这样的概念：情绪反应可以分两种类型，第一种是反射性的情绪，第二种是思考后的情绪。面对事物，第一种情绪浮现得较快，第二种情绪则需要酝酿一段时间才会出现。

第一种情绪是人面对压力时的原始反应，常常是一些不良情绪，情绪的波动比较大。第二种情绪的出现则需要时间，等理性开始起作用后，情绪才会慢慢变得成熟。第二种情绪较为深沉，也较为稳定，强度和波动都较小。用第二种情绪模式进行表达，更能表达清楚，也更容易实现沟通的目的。比如有人跟你约会迟到了，你的第一反应是生气，这说明你处在第一种情绪里。当冷静下来后，等对方到达后解释清楚，再经过自己的理性分析，生气的情绪就会消退。即使对方真的不够尊重你，你经过了冷静和理性思考后，也不会有那么多的情绪了。

但有些时候，面对出现的负面情绪，我们根本刹不住车，无法控制不良情绪，这是为什么呢？这是因为我们积累的情绪垃圾太多了。

情绪垃圾，是无法管理负面情绪的罪魁祸首

心理学上有一个基本的概念：我们的想法、感觉和行为是交织在一起的。它们是相互作用的，就像下面的三角形。

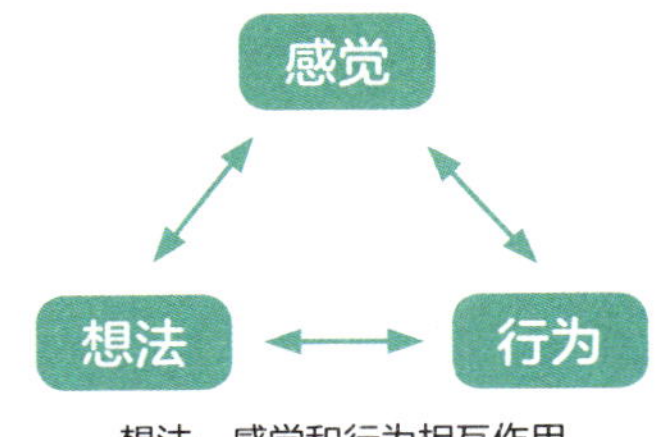

想法、感觉和行为相互作用

当在生活中受到外境刺激时，我们相应的感觉就会被唤起，与这部分感觉相对应的信念就会随之而来，然后用这种信念支配接下来的行为。当记忆中的感觉达到一定的浓度时，我们就会出现情绪。我们如果在成长过程中，不对那些不断产生的情绪进行清理，日子久了，就会形成情绪垃圾桶。你可以想象一下，当走在小区里，远远地闻到垃圾的味道时，你藏在记忆深处的恶心的感觉就会被唤起，从而产生绕道走或者呕吐的行为。如果我们不及时清理情绪垃圾桶，情绪垃圾桶就会在日积月累中散发出恶臭的气味。这种恶臭的表现方式是：一出现对应的外境事件，不管对那个事件了解多少，内心对应的那种情绪都会被唤起，情绪垃圾桶里原来积累的垃圾都会被一股脑儿地倒出来，眼前的这个人和这件事就成了你过往情绪垃圾的买单者。

想要清理情绪垃圾桶，就要知道自己打开情绪垃圾桶的开关在哪里。

在生活中，面对同样的一件事，有些人很容易出现情绪，另一些人则感觉平平，容易出现情绪是由过往的事件造成的。我们需要多多了解自己，了解自己到底对哪些事件所引起的感受过敏。我们如果用心地写情绪日记，就知道自己对哪些情绪过敏。你如果愿意追根溯源，就会发现你的情绪最早的出处在哪里。大多数被外境唤起的感受都源于自己的童年，那些感受往往不被允许表达，积累久了憋在心里，就容易出现情绪，日积月累之后，自己就成了储存情绪的垃圾桶。

其实夫妻最容易向对方倾倒情绪垃圾，而且相处得越紧密，被压抑的情绪就越多，最终会纷纷浮出水面。我们可能在表面上归咎于某一件事，但在本质上是因为我们以往积累了太多的情绪垃圾。

情绪的日常清理方法和长期处理方法

如何清理情绪垃圾呢？需要经常清理平时生活中的那些小情绪吗？有什么有效的应急方法和日常清理的好方法吗？

情绪处理的短效技巧

①觉察到自己的负面情绪后，离开现场。

②深呼吸，随着每一次的呼气，想象将负面情绪带出体外，保持连续呼吸 20~30 次。

③送给自己几个微笑，暗示自己。

以上方法只是情绪管理的应急办法，事实上，如果你做到了第一步，觉察到了自己的情绪，改变就开始发生了。

情绪处理的长期技巧

①记录情绪日记，每当一种比较强烈的情绪出现时，在日记本上做个记录，记录的内容包括引起自己情绪的原因、事件、人物、情绪的名称和持续的时间等。

②学习表达情绪的适当方法，经常在生活中练习如何适当地表达自己的感受和需要。

③练习情绪穿越法。因为一些旧有的、顽固的情绪往往和我们的既往经历相关，我们如果不对这部分情绪进行清理，以后再遇到类似的事件时，就容易被打回原形。处理这部分情绪的一个好方法就是通过情绪按钮，进行情绪穿越。也就是说，当某件事情让我们突然出现情绪时，我们首先要觉察到情绪来临，然后离开现场，根

据这个情绪按钮思考自己为什么会出现情绪。我们往往会回想起，曾经在我们生命中发生过的某件事也让自己有过相似的情绪。它就像我们的情绪开关，并不需要价值观判断和思考的参与，一旦被触碰，就完全跳过了思考的过程，马上进入反射性的情绪里。你如果试着去面对这种情绪，就会感到非常难过。与眼前的事情相比，自己以前经历的事情才是真正让自己痛苦的原因 。所以，在穿越情绪时，我们可能会流出很多眼泪，请允许自己尽情地释放这些情绪，这就是一个倒垃圾的过程。通常需要 20 分钟，我们的情绪就会渐渐地平复下来。当把情绪平复下来，再去面对眼前的这件事时，我们就会选择与以往不同的应对方法，这样就会改变我们曾经的感受。当将来再面对同样的情境时，我们就不会出现那么多的情绪，而且会有更多的勇气去面对。如果我们经常这样做，情绪垃圾桶里的垃圾就会被清理干净。

其实就像中医所说的那样，如果一个女人在坐月子时落下了病根，再生一个孩子，好好坐次月子，治疗的机会就出现了。对于每一个人而言，情绪按钮被触碰的时候，都是修复自己内在情绪的机会。不管采用哪一种清理情绪的方法，都无法完全消除情绪按钮，都需要循序渐进。人的心理资源有限，能量有限，穿越自身的情绪会耗费很多能量。千万不要在这个过程中对自己要求过高，或苛求自己，否则就会产生新的不良情绪，形成恶性循环。

面对、接纳和转化，是解决所有成长问题的钥匙。

给自己的情绪一条活路，也给自己的成长一个充足的空间。

“看见即疗愈”的真正含义

有一位经常读我文章的姑娘，开始觉察自己的问题，关注自己的内心，她和我讲起她的心路历程。

她曾与伴侣发生矛盾，开始争吵，在愤怒的当下，看见了自己的情感模式，知道眼前的这个男人是在充当自己原生家庭伤痛的买单者。即便如此，她还是很难让自己的情绪刹车，并且在之后的相处中，情绪照旧会被成功地点燃，和伴侣的关系依然越来越坏。

“老师，你不是说‘看见即疗愈’吗？我已经看见了我的模式，为什么还是无法疗愈我的问题呢？”

这个问题的关键点就在于我们到底“看见”了什么。在我参加的内观正念课程中，我得到了更直观的收获。老师让我们在打坐的过程中观察自己身体的感受变化。我们当时一直保持坐姿，一动不动，就会出现许多状况，比如最明显的感受就是腿疼。在平时，腿疼的感受一出现，我们自然的反应就是给予这个感受一个“讨厌”的评价，接下来的反应就是调整一下坐姿，让自己变得舒服一点儿。但腿疼并不会因为我们调整了坐姿就消失，而会在换成另一种坐姿时再次光临，应对的方法无非是再动一动。在这个过程中，我在不断地动啊动，只是为了让自己保持一种舒服的状态。这是我们从生下来就习得的经验：“痛的感受”最初一般属于潜意识状态，在一连串“痛的感受”的积压下，出现了强烈的“讨厌”情绪，这种自动出现的“讨厌”情绪引发了意识层面的“反应”，也就是“动”，其中的“讨厌”情绪就是所谓的习性反应。通常感受一出现，好恶的评价就随之而来。如果我们缺乏觉知，在这一瞬间，习性反应就会在心中升腾、发酵，最后化为一股强烈的情绪，支配着我们的意识，我们就会被那种情绪所控制，无法做出正确的判断，接下来便会出现有害的言行，伤害自己和他人。我们在发泄情绪的那一刻，不但伤害了对方，也给自己制造了痛苦。我们如果不对这种习性反应有所觉知，那么仍然会在下一次相同的感受出现时，继续让习性反应光临，再酿造同样的痛苦。

假如我们与伴侣发生了争执，他说的某句话激怒了我们，这种“激怒”只是我们的一种习性反应，这种习性反应并不全是由伴侣造成的，有八成是由于我们在原生家庭中从小受到的伤害造成的，所以我们现在看见的只是出现这种习性反应的原因。我们如果只是看见了原因，那么也许能提高觉知，但很难立即改变我们的习性反应。虽然我们知道双方只是在为我们父母的过错买单，但我们被激怒的情绪仍然会自动出现，争吵仍然不可避免。所以说，“看见”自己的习性反应的发生原因只是第一步，最关键的是第二步，我们要学着去观察自己当下的感受。

在内观正念练习中，我们被要求保持一小时的静坐，将注意力转向观察身体上出现的各种感受，比如疼痛、酸、涨、麻等，不要对这些感受产生讨厌的反应。如此一来，这些感受就无法让我们产生干扰内心的强烈情绪。当我们进行这样的观察时，神奇的事情就会随之发生。感受即使出现了，也会自然地消失，并不会恒常存在。在练习中，我们只是在观察感受，不要对感受加以评判，也不要产生讨厌的情绪，我们的心情自然不会受到影响，始终保持安详和自在。当然，这是一种理想的状态，只有通过反复练习来改变几十年积累下来的“恶习”，旧有的“自动出现习性反应”的模式才有可能被打破。

内观正念练习教给人们止息痛苦的方法，这种方法在亲密关系中一样适用。“看见”的重点就在于“观察感受”，我们不仅仅要看见自己产生习性反应的原因，更重要的是要观察自己在那一刻愤怒的感受，看着自己感受的产生、持续和消失，也就是我们通常所说的“和我们的感受待在一起”。当反复练习后，我们会发觉自己出现愤怒感受的次数越来越少，有时甚至感觉不到它来过。我们如果刚开始练习有难度，就可以来一个自我辅导，比如告诉自己：“这种愤怒的感受又来了，和上次一样。这种感受并不是眼前的这个人造成的，他只是一个替罪羊。现在我看着这份感受，好好地和它在一起，看看它会有什么变化。”从这里开始，反复练习，虽然眼前的这个人将来还会不断地给我们带来相同的麻烦，但我们的内心会趋于平静，他“激怒”我们的次数会越来越少。检验自己成长的试金石就是我们对习性反应的耐受度。人生长着呢，慢慢来吧。

另外，在愤怒的那一刻，我们刻意地控制自己愤怒的情绪，似乎结果会有所改善，对方如果看我们不吵了，就可能闭嘴，但从长远来看，我们只是将愤怒的情绪压抑了下去，也许我们的情绪会从别的地方冒出来，比如不给他做饭，或者晚上把他踢下床。也许在愤怒的那一刻，我们会立即逃离争吵现场，冲出门买个菜，或者去看一场电影，这样做都能让矛盾降温，不过用这种转移注意力的方法，只能在意识层面让我们暂时缓解痛苦，但无法去除痛苦的根源，只能把它逼进深层的潜意识里。在那里，痛苦的情绪如同进入了冬眠状态，即使我们表面上平静祥和，在心底仍有一座休眠的火山，迟早还是会爆发的。

就如同正念练习是从几分钟开始练起一样，我们可以先通过身边的小事来训练自己，慢慢地积少成多。我们暂时不要把目标定得过高，比如要脱离人生的痛苦。可以通过反复的练习，让自己在关系中的痛苦越来越少，让愤怒或其他不良的情绪都因为“被看见”而慢慢减少或平息。

祝你成功。

03

第三篇

与原生家庭和解，重塑幸福生活

当被吞没遇到被抛弃

小华是我儿时的玩伴，虽说是玩伴，但在记忆里一起玩的时间只有一年左右。在五六岁时，我经常和哥哥一起拎着塑料桶，去附近的弄堂口打盐汽水。有一天，小华在排队时与几个高个子的男孩打了起来，我哥恰巧不在身边，他们几个人扭成了一团，后来大人出来拉架，小华被打伤了。我和赶来的哥哥一起送小华回家，没有想到的是，小华妈妈打开门看了小华一眼后，就直接对着我哥吼道："你怎么把我儿子打成这样？！"她那张愤怒的脸一直留在我的记忆里，作为在我心中我与小华友谊的剧终镜头。之后，我听妈妈安慰我哥时说过："他妈妈挺不容易的。他爸爸跟别的女人跑了，他妈妈一个人带着儿子多难啊。"

小艾是我的来访者，为恋情困苦不已的她，已经是第三次来我这里咨询。她是个有觉知的姑娘，屡次恋情中断都源于对方承受不了她的喜怒无常，当这种情景又在现有的关系中出现时，她想到了来做咨询。通过前两次的谈话，我了解到她在关系中时而爆发的愤怒其实来自她的父亲。在她的童年期和少年期，她的父亲一直忙于做改革开放的弄潮儿，很少陪伴在她们母女身边。母亲对小艾的要求很高，小艾很小就懂得去安慰自己的母亲，努力变得优秀、乖巧、懂事，只是在记忆里每次与父亲的短暂相处都是以痛哭收尾。进入青春期后，他们一家三口终于团聚，但小艾与父亲若即若离，像陌生人一样打着招呼。

她的前几段恋情都有着惊人的相似，只是看了别人一眼，就无可救药地爱上了对方，爱得热烈投入，但都如烟花般灿烂且短暂，分手都是由对方提出的。小艾的内心存在着典型的被遗弃的创伤，由于儿时父爱的缺失，她将自己与母亲视为一体，深深地思念父亲，又对其充满了愤怒。于是她在恋爱关系中，不断地将对方投射成她的父亲，就像她母亲当年管控她一样，去死死地监控住这些男人，这些男人都像她的父亲一样逐渐消失在她的视野里，每当这个时候，她的愤怒之火就被点燃，关系往往终结于此。

当小艾把她现任男朋友的照片给我看，并把他的名字报出来时，我怎么也没想到，小华就是小艾的现任男友。当夜深人静时，我开始复盘这个个案，他们两个人的故事渐渐地在我的心中变得清晰和完整起来。

小华已经离过一次婚，离婚后的他为了照顾母亲，回到母亲家居住。有一天，小艾与小华争吵后不到半天，小艾就接到了小华母亲的电话，小华母亲质问她为什么和小华吵架，致使她打了一上午的电话，小华都未接。小艾被噎得半天说不出话来。小华的表嫂（是他们关系的介绍人）打电话给小艾，向小艾解释了小华家里的情况，并且嘱咐小艾，小华的妈妈真的非常不容易，小华从小就是个非常懂事的孩子，对妈妈非常孝顺，小艾如果想和小华在一起，就要对小华妈妈好一点儿。当小艾跟我说起这些的时候，我马上想起了小时候我母亲安慰我哥时也说过同样的话。

这段关系与以往不同的是，在以往的恋情中，都是小艾在找碴吵架，但与小华在一起时，却是小华在挑起种种事端。小华欣赏小艾的精明能干，但时不时地抗议小艾过于强势。与小华在一起时，小艾总有种说不出来的距离感，小华仿佛带着一个硬硬的壳，谈论起很多话题时，都流于表面，无法深入内心。小艾是个急性子，一起出去玩时，无论是看电影还是旅游，小艾都是说好了立即去安排。虽说小华总是满口答应，但他临到眼前却往往不满意小艾的安排，或者答应了之后又反复变更，硬生生地磨炼着小艾热情似火的急性子脾气。小华很少提起自己的父母，在小艾的好奇追问下躲躲闪闪。小艾总是在猜测小华可能对她没有长远的打算，小时候被抛弃的感觉再次浮现，对着小华进行一次次愤怒的发泄。小华对小艾的不满越来越多，他要求小艾变得温柔些，并强调，他要找一个像他妈妈一样对他好的女人。

“你们俩真是一对啊。”我冲着小艾苦笑了一下，“这就叫致命吸引力！”

小艾把翻拍的小华小时候的全家福拿给我看，我从小华的母亲和奶奶的眼里读出了同样的信息，她们的眼神都显得如此能干，如此强势。小华的父亲和爷爷都有一双温顺或空洞的眼睛。这就是典型的传统家庭的轮回，小华和小艾之间的故事就是在这样的家庭中成长起来的年轻人的爱情。

在一段婚姻里，女人如果得不到爱情的滋养，出于安全感，就想伸手管控自己的丈夫，这会令丈夫非常不舒服，因为他想起了小时候被妈妈吞没的噩梦。于是这个男人会选择逃离，他可以选择离婚，也可以选择拼命工作，或者选择一些成瘾的爱好。女人如果抓不住自己的丈夫，就只能去管控自己的孩子，并且像一头母狼一样本能地攻击外界可能伤害孩子的人。她如果有个女儿，就会去博得女儿的同情；她如果有个儿子，就正好以此弥补自己情欲的空洞。女人一遍遍地向她的孩子诉说着孩子父亲的种种问题，孩子一直以为自己仇恨的是自己的父亲。这个逃离了妻子的丈夫，看到儿女弥补了妻子的空洞，他会顺水推舟地以事业或其他借口，实现自己的自由。

独自抚养儿女的母亲，常被所有人冠以“伟大”二字，因为她们把自己的青春都无私地奉献给了孩子，周围人的美誉让母亲彻底认同了自己的伟大，她一遍遍地对儿女说：“为了你们，我牺牲了所有的一切。”这些沉重的压力，打压了孩子们可能有的反抗，他们只能用愧疚来表达认同。

在这样的家庭里长大的女儿，带着被父亲遗弃的感觉，对亲密关系具有强烈的渴求，往往很容易坠入爱河。当恋爱关系中的种种不安全因素开始浮现时，她便将关系中的对方投射成自己的父亲，发泄愤怒。更可悲的是，在这样的家庭里长大的儿子，以为自己一直处在对父亲的愤怒中，但在潜意识里，他承受不住把自己吞没的母爱。明明是母亲和父亲之间的事情，为什么要让幼小的我来承受？可自己容不得这样的想法持续一两秒，转瞬间，他又开始责怪自己，就像众人的口吻一样：“你的妈妈为你牺牲了这么多，你怎么可以这样责怪她？！”

在一次次内疚后，他彻底麻痹自己，但在潜意识里对女人的愤怒无处发泄，于是只能投射到自己的亲密关系中去。他想有一个和他妈妈一样给他天天挤好牙膏、铺好被子的温柔女人，但这个女人不能像他妈妈那样束缚他，不能对他提出严苛的要求。多年来的成长经历已经让他变得不懂得如何表达情欲，变得抗拒亲密，在关系中变得越来越被动。

在这样的家庭里成长起来的女儿，在成年后出于安全感的考虑，会和看上去容易掌控的男人走入婚姻，这个男人就属于上述那种被动的男人。就这样，新的轮回就此展开。可想而知的是，婆媳大战因此上演。

小艾问我怎么办，我只能告诉她，一直以来，最好的解药就是"看见"：看见自己成长中的创伤来自何处，在关系中觉知自己的情绪投射，对曾经伤害过我们而不自知，并且企图越界的母亲温和而坚定地叫停。我想再对女孩多说几句话，一个女人掌握着一个家族的命运，如果能多关注自身的成长和发展，少伸手向外界抓取，做自己内在小孩的父母，那么不仅仅是在帮助自己，而且有可能改变家族三代人的命运。

这个个案结束时，我并没告诉小艾我认识小华。说不说又有什么关系呢？她如果在这个关系里无法成长，就还会遇见下一个小华。对我而言，小华只是一个代号，在我们的身边随处可见。

美好生活在孝道和分化之间厮杀

有一部讲述中年人爱情的电视剧《美好生活》在各大卫视开播，我最初只是被人到中年心系美好的主题吸引，却没想到剧中展现更多的是家庭亲情和独立之间的冲突。

女主角梁晓慧在自己的丈夫去世后与父亲住在一起，同时被父亲高度关注着，上下班需要汇报行踪，被父亲跟踪监视与什么样的人交往，父亲还在女儿身边安插眼线。剧情是这样设计的：其父亲退休前是一名老公安，担心女儿因为刚失去丈夫而过度悲伤出问题，才会做如此安排。老爷子和女儿的对手戏一出现，就会引发我和老公的一阵讨论。我的先生会经常感叹："这老爷子管得太多了！"我则紧接着说一句："真是可怜天下父母心啊！"我想我们这样的对话和梁晓慧的想法很相似：一方面很想拥有自己的私人情感空间，另一方面觉得父亲是出于爱才对自己做出种种过分的事，因此会妥协忍耐。

在独立和孝顺之间挣扎的还有她的同事贾小朵。小朵的父母离异了，小朵很想离开家自己居住，但一向在优越的条件下长大的她在母亲的要求下又回到了市中心的豪宅居住，其独立的宣言在每个月交给她妈妈的一千元房租下显得苍白无力。

相比两位女主角，由张嘉译饰演的男主角徐天可能算是在家庭环境中自我分化程度最好的人了。虽然他也被母亲高度关注、嘘寒问暖，但能够在懂得体谅老人爱子的基础上，坚持独立居住，不让母亲过度侵入自己的感情生活。

在这部电视剧中，艺术化的呈现并不夸张。很多父母不懂得尊重孩子的自我空间，这让子女在独立的道路上走得步履维艰，甚至从来没有考虑过要走上这条路。在实际咨询中，我往往会遇到比电视剧更“精彩”的剧情：比如一个像梁晓慧一样的人在父母的管控下长大，后来嫁给了一个无比孝顺，不愿意与母亲分离的老公，从而由一个被控制的女儿变成了一个需要取悦婆婆，同时被控制的媳妇。

自我分化对人格成长的重要性

从发展心理学来说，从进入青春期开始，孩子需要越来越多的自我空间，这样才能顺利地发展出必要的自信与能力。如果这时候父母不给予孩子足够的空间，孩子就会以叛逆的形式去争取自我的空间。这是符合人性的自然规律，否则一个个新家庭如何组建？人类怎么能代代相传？

一个成功实现自我分化的人，既具有区分自身的理性与情感的能力，又具有与他人进行正常情感联结的能力。也就是说，自己能打理自己的生活，有自己独立的见解，情绪不受父母的影响，不愿意受父母的情感绑架，不会和父母发生冲突，不去管属于父母自身的责任。一个人如果没有顺利地进行自我分化，就会经常困惑自己到底想要什么，有时即便有一闪而过的想法或信念，也非常容易受到别人的影响，很难坚持自我。就像剧中的梁晓慧，她到底是喜欢徐天，还是喜欢在徐天身体里的前夫的心脏？看到第 20 多集，我总觉得她自己也没搞明白。

自我分化并不是孩子的单一发展需要，父母的自我分化程度的高低直接决定了子女能否顺利完成这个阶段的任务。如果父母的自我分化程度较高，父母就能协助子女发展出较高的自我分化能力，子女就能有效地调节情绪，对亲密关系中的互动有较好的掌控。如果父母的自我分化程度较低，加上传统家庭的家长存在着权威，父母以爱之名控制孩子的生活，就会影响子女发展自我分化的能力。

传统孝道对自我分化的束缚

在传统的家庭里，孩子从青春期开始，到拥有自己独立的物理空间和情感空间，其实是件特别难的事。因为压在人们心头的“孝顺”二字往往意味着亲子之间要相互依靠、相互纠缠，但自我独立是人的本能，所以孩子一直在孝顺和分化之间来回徘徊，甚至成年之后也是如此。

虽然自我分化是西方心理学的研究成果，但东方的父母和西方的父母在管教子女时面临的问题并没有太大的差异。如果一个处在青春期的孩子晚归了，那么美国父母也会教训孩子，可能这样说：“在这个家里，是我在付账单，你的学费也是我付的，你只要还住在这里，就要听我的。”中国父母甚至不需要主张自己的立场，只要面无表情地坐在熄了灯的客厅里，子女半夜偷偷回家，看到了父母的黑脸，立刻就会充满恐惧和愧疚地溜进房间。由不孝引发的愧疚感，是中国父母管理孩子非常有效的武器。

“孝”包含着中国人亲子间的一种特殊情感，“顺”则意味着子女应顺从父母的管教，特别是在彼此意见不一致的时候。在这样的规则下，父母喜欢说教，子女往往觉得自己没有表达的空间，说了也没用，只会吵起来，或是受到自我内化的孝道规范抑制，沉默以对，从而进入阳奉阴违或逆来顺受的模式，就像剧中的梁晓慧一样。

孩子如果总是顺从父母，那么怎么可能独立呢？孩子如果不独立，就会像个寄生虫一样无法自立。在生活中，我见过很多年轻人，一边抱怨父母不给自己空间，一边享受着父母在衣食住行上对自己的照顾。

在孝道和自我分化之间平衡

我国传统文化多提倡团聚，不鼓励分离，子女在与父母分离的过程中，在情绪上容易产生背叛、不孝等罪恶感或焦虑感，内心会出现很多挣扎，所以让分离“硬着陆”的方法是不适应中国国情的。

一个成年人在自我分化的过程中，要想既不让父母心寒，又能成功分离，应该怎么做呢？

首先，在情感和物质上，要对父母一如既往地付出，甚至要更为殷勤。不能因为意识到父母对自己过度控制，就突然在态度上来一个 180 度的大反转，那样就容易走到另一个“不孝”的极端。在那样的状态下，即使你实现了成功的分离，心里也并不会真正好受。

其次，在个人情感和物理空间上保持独立。有了第一步的基础，父母在情感上并没有觉得你远离他们，当你慢慢地提出搬出去住时，或者当你因为他们探究你的隐私而和他们争论时，父母并不会将事件放大到“不孝”的地步。

最后，在面对任何事情时，我们都要以良好的沟通为前提。有些家庭成员并不重视心与心的沟通，似乎只有“我为你做了什么”才是“我爱你”的体现，为对方做的那些事往往是出于对对方需要的猜测，从而容易产生误会和隔阂。

人性的本质大都是渴望情感联结，寻求归属感，期盼被接纳，却不想因此失去自我，这份情感联结对于中国人来说又是重中之重。我们在追求个人成长的过程中，如果脱离了中国文化，那么只会让心灵成长这件事变得半生不熟。

你中有我，我中有你，同时你是你，我是我。我想，这大概才是中国亲子关系最好的模样。

父母爱孩子的巨大谎言

临近春节，都会出现一波逼婚焦虑高潮。金星姐姐抓住了这个热点，适时推出了《中国式相亲》节目。节目的第一期在开播后就成功地点爆了我的朋友圈。我个人感觉该档节目的制作人真的是非常聪明，他用一种照妖镜似的夸张方式，引起了围坐在电视机前的无数单身男女父母的关注和反思。节目中被评论最多的是男生的父母，他们言谈间所反映出的价值观确实代表了很多父母的想法，借助于艺术夸张的形式，以一种近乎丑陋的模样曝光在大众的视野中。我想说，金星姐姐用心良苦，这档节目其实是一档深刻教育父母的节目。

作为成年人，这些男生为什么在相亲这件事上需要请父母来把关？节目中激烈的冲突都体现了父母以爱之名对儿子思维的控制。天下父母都是爱孩子的。静下心来想想，这句话是真的吗？

心理专家武志红老师在其畅销书《为何家会伤人》中提到了普通家庭的几大谎言，我对其中几条印象颇深。

谎言一：没有不爱自己孩子的父母

喜欢说这句话的父母，通常是懒惰的父母。这句话是父母为自己开脱的最佳借口。父母的爱是伟大的，这是人类繁衍不息并传递爱的最基本的通道，也是最重要的通道，但这不代表一个人有了孩子以后就能自动成为好父母。在这个当今做什么事都需要培训考证的年头，唯独当父母是不需要经过培训考试的。

很多人在心智不健全的情况下就当上了父母，这样的父母会给孩子提供什么样的成长空间呢？一个人如果从小遭到了虐待，内心对父母充满仇恨，又是听着“我打你都是为了你好”这句话长大的，那么长大后，会将满腔的怨恨发泄到自己的伴侣和孩子身上，或者发泄到社会上的其他人身上，也许会出现家庭暴力，也许会出现社会暴力。说实话，无论父母如何对待孩子，孩子一定都是爱父母的，孩子爱父母的表现就是：我要和你一样。这就是悲剧的轮回。

这句话如同一个巨大的魔咒，让我们宽恕那些虐待甚至杀死孩子的父母，也让我们看不清罪恶最初是如何滋生的，从而无法直面残酷的事实，堂而皇之地拿着这句话来发泄我们自己的愤怒。

谎言二：我爱你，所以你要听我的

当一个孩子在蹒跚学步时，父母总是伴其左右施以保护，生怕他受到伤害。很多父母为了保证孩子的安全，为了“爱”孩子，严重地妨碍了孩子对外部世界的探索。伴随着孩子的成长，很多父母变本加厉地过度保护孩子，帮孩子解决所有的难题，以爱的名义强迫孩子接受自己的决定。想想节目中那位激动的母亲，她诋毁女嘉宾，用道德来要挟自己的儿子接受自己的决定，这等同于扼杀孩子的生命。

生命的意义在于选择，为自己的人生做决定就是在做选择。当一个人为自己的人生做选择时，无论对错，他的生命都会因为自主选择而变得丰富多彩。只有做过选择，一个人才真正地活过。

父母如果以爱之名替孩子做各种决定，就如同在精神上掐死孩子，无论这一切看上去多么善意。如果父母做得很极端，那么孩子总有一天也会用这种极端的方式处理问题，"掐"自己或者"掐"别人。

谎言三：我爱你，所以我们不分离

节目中的母亲听闻自己的儿子喜欢女方煲汤，娇嗔地说："妈妈也会啊！"她的潜台词是希望永远伺候在儿子左右，她并不想让儿子离开自己。像这样的情况，也许在现实生活中有很多。

很多父母在孩子进入青春期后，因为孩子的疏离而开始焦虑，并试图找心理咨询师来"修理"孩子。青春期，是一个与父母分离的正常阶段，孩子的疏离和叛逆都是这一人生阶段的正常表现。很多父母因为自己无法接受与孩子分离的现实，就以爱之名来满足自己的需要。

父母和孩子黏在一起，通常情况下，并不是因为孩子离不开父母。事实上，独立成长是源自生命的冲动。父母和孩子黏在一起的严重后果是，孩子会为了满足父母的需要而停止独立成长，甚至拒绝谈恋爱，因为他们觉得那是对父母的背叛。那些在抱怨自己孩子成为剩男剩女的父母们，请你们好好问一下自己：有没有对孩子进行过“绑架”？

更有甚者，有些极端的父母，像韩国电影《母亲》中描述的那样，用自私的爱吞没自己的孩子，使一个成年人的成长停滞了，永远处于婴孩的状态，实现了对孩子从嘴到屁股的全面控制，看了令人不寒而栗。

为人父母者可以用以下几个项目自查，反思自己做父母是否合格。自查的标准就是，父母有没有把焦虑转嫁给孩子。有的父母自身的成长停滞了，对自己能否适应社会产生了巨大的焦虑，并没有通过自身的成长去解决问题，而是将希望寄托在孩子身上，结果让孩子承受了双倍的压力。

自查标准一：你有没有把劲儿都往孩子身上使？

这种情况在很多全职妈妈身上特别普遍，自己适应不了当今激烈的竞争，又没有勇气提高自己，只能以让孩子好好读书为借口转嫁自己的焦虑。

自查标准二：你有没有把“理想自我”强加给孩子？

有些身为知识分子的父母并未停止成长，但将孩子当成证明自己价值的工具，没有把孩子当成独立的个体，为孩子制订了所谓“既标准又正确”的成长路线。父母这样做其实是为了弥补“现实自我”和“理想自我”的差距。

自查标准三：你是否认同“打是亲，骂是爱”的教养方式？

父母认为打孩子是出于对孩子的爱，其实只是在宣泄自己在别处郁积的负面情绪。

父母把压力转嫁给孩子，无非得到双输的结果，孩子并不会心存感激，到头来父母可能还要伤心一场。其实问题的源头都在父母自己身上。孩子应该通过他的自主选择成为最棒的人，父母能够为孩子做的是与孩子一起成长。

父母要给孩子空间。我特别不喜欢看到父母总是夸自己的孩子特别孝顺。从某个角度讲，过分的孝顺只是狭义的听话而已。难道父母的话都是对的吗？如果停止成长的父母一直用听话来要求孩子，用过时的经验来限制孩子，那么孩子是难以发展出独立的人格的。

父母要让孩子进行自我成长。如果父母总是用自己的理想去塑造孩子，孩子在长大后，就容易出现强烈的叛逆。因为孩子发现，其实父母做的和说的并不一样。如果父母的关注点是自我的成长，他们就没有太多的精力去干涉孩子，孩子就有了自我成长的空间，而且可以受到不断变好的父母的影响。所以说，家庭是一个系统，如果孩子出了问题，父母别总在孩子身上找症状，要追本溯源。

父母要改进爱孩子的方式。父母要多关注孩子的人格成长和心理需求，并在每次想要改变孩子的一瞬间，问一下自己："这是孩子需要的，还是我需要的？"

其实爱的谎言和父母的文化水平并无关系，而和父母自己有没有高尚的灵魂有关。不要将你空虚的躯壳寄生在孩子的身上，不要以爱之名控制孩子。

她为什么总是会爱上已婚男人？

小梅在没有开口前就给我留下了极好的印象，外表清丽，知书达礼，她一定要等我落座后再慢慢地坐下来。

她的烦恼来自她和她的上司的感情纠葛，这种感情是以不合伦理的方式存在着的。她想离开这个她花了很多心思才“弄到手”的男人，只是因为她觉得这个已婚男人太认真，但又因对方是自己的老板而痛苦不已。

我们坐在一起，追溯了她以往的几段感情。

她的初恋是大学学长，轰轰烈烈地谈了两年恋爱，对方毕业后移情别恋。

毕业后，在第一份工作中，她很欣赏一位英俊的男同事，不过她知道对方有家庭，就将这份感情压抑在心底整整两年时间，其间她交往过男朋友，只维持三个月的时间，就因为放不下心里的男同事而主动在她男朋友的世界中消失。在某一个加班的深夜，她终于忍不住穿了件性感的衣服，向那位男同事告白，当她还没有说完自己的告白时，那位男同事一把推开了眼前的椅子，抱住她就要狂吻。小梅着实被吓了一跳，她在心中演绎过很多种场景，唯独没有想到会出现这样的画面，她挣脱了他，像个做了错事的孩子一样逃离了现场。

第二天，她便辞职去了新的公司。不久后，她又开始与自己的已婚上司纠缠。

听着小梅的故事，有一刻我的脑海里浮现出美剧《扪心问诊》的剧情。熟悉这部剧的朋友肯定已经知道我在说哪个案例了，就是开篇的劳拉。

劳拉在问诊的过程中对已婚的心理医生保罗产生了明显的移情，时间长达一年之久，她在诉说自己不愿意答应未婚夫的求婚，又在酒吧勾引其他男性，并险些发生性关系后，对保罗进行了告白。专业老练的保罗医生在之后的诊疗中，让劳拉吐露了更多的内心秘密。劳拉 16 岁失去母亲，她的父亲当时脆弱到了极点，父亲的朋友大卫曾在劳拉家里暂住了几个月，大卫是 40 岁的已婚男子，劳拉将初夜奉献给了大卫，并维持了几个月的性关系。对于这一切，她的父亲都不知情。从此以后，劳拉便很容易陷入三角关系，每次都是她主动去引诱对方，但得手后维持不了多久，便又断绝了那段关系。

这部电视剧的剧情相当精彩，尤其看到剧中前辈在面对色情移情的考验时，我时时为他操心，生怕他突破咨询设置。还好，通过老道的保罗的“以身试法”和剖析，劳拉心理问题的成因逐渐被揭开。

“俄狄浦斯情结”虽是一个老生常谈的问题，但真的是许多三角婚恋关系的本源。说到俄狄浦斯，关键词包括弑父、恋母、性压抑等词汇。根据精神分析的理论，3 ~ 6 岁是儿童的“俄狄浦斯期”，孩子会对父母的关系和两性之间的问题比较敏感。需要让孩子意识到，父母之间存在一种亲密关系，是他没有能力介入的，接受这一点有利于孩子的健康发展，否则女儿就会认为爸爸是属于自己的，把妈妈视为情敌；儿子就会认为妈妈是属于自己的，把爸爸视为情敌。孩子如果带着这样的潜意识慢慢长大，由于长大后对伦理的认同，就会以道德批判的形式将这种感受压抑进潜意识，从而形成了潜抑的心理防御机制。这种潜抑的心理防御机制是指个体把一些本能的、能引起快乐的想法和欲望禁闭到潜意识中，因为那些本能的想法是被外界禁止的。虽然被压抑的东西不能被意识到，但它们在潜意识中仍然起作用，也就是说，被压抑住的东西总会通过一个出口冒出来，会找个相似的场景释放出来，女孩就会对一个类似父亲的人投入情感，这就形成了另一种心理防御机制——置换。置换是指把对某人或某事能引起焦虑的情感无意识地转移到其他的人或事上。置换后，当事人内心会产生被道德谴责的内疚感，于是会对置换后的人产生逃离感。所以俄狄浦斯冲突包含很重要的部分：渴望成功和对成功后的恐惧。

劳拉就是如此。她对父亲有着深深的爱恋，可能是因为在她小时候并未顺利地度过“俄狄浦斯期”（剧中未交代），后来她和父亲共同经历了人生重大挫折（失去亲人），当发现父亲脆弱无力，无法支持她时，她便将对父亲压抑多年的“俄狄浦斯情结”置换在了大卫身上，而在成年后继续重复这样的模式。由于她当年是用色情勾引的方式得到的大卫（大卫其实是她父亲的替代品），因此她只会用这样的方式去赢得男人的爱，也就是说，她认为只有这样做，男人才会爱她。一旦她得手，肯定就会被强大的道德感唤起而逃跑。

在接下来的访谈中，小梅的话验证了《扪心问诊》给我的启示。

她回忆起小时候在父母吵架的时候，她一直帮着爸爸用很恶毒的语言去伤害妈妈，从小就穿着妈妈的内衣去问爸爸好看不好看。在成年后，与同龄男孩相比，她似乎对已婚男性更有兴趣，就算男朋友是未婚状态，她也会把对方推入到一种三角关系里。因为对她来说，只有三角关系才能激发出她内心的快感，一旦将三角关系变成两角关系后，她就会觉得不够安全，当道德感被唤起后她就想要逃离。

“俄狄浦斯情结”是一种广泛的人类心理情结，不分种族和国籍，在生活中普遍存在着。在当今高速发展的社会中，人们对成功的渴望会在一定程度上促使“俄狄浦斯情结”的发生，不仅有很多年轻的女性会用一种找爸爸的方式去介入别人的婚姻，也有很多男性在结婚后依然以“妈宝男”的形式存在，要么把自己的家庭和父母的家庭搞得边界不清，要么要求自己的妻子像母亲一样对待他。这种不健康的心理情结是导致当今社会婚姻问题的主要原因，比如出轨和婆媳关系问题等。

一般来说，当事人如果认识到自己的这种模式，就会自动停止这种行为。下面列出一些常用的方法。如果你是未婚的女生，我请你在心里放下对父亲的期待（虽然你可能觉得并没有什么过分的想法）。可以采用自我对话的方式，比如在一个人的空间里，在面前摆放两把椅子，想象父亲坐在其中的一把椅子上，你对“他”说：“爸爸，你是妈妈的爸爸，我喜欢看到你们幸福的样子，我把你还给妈妈。”接着对想象中坐在另一把椅子上的“妈妈”说：“妈妈，我将爸爸还给你，我是你们的好女儿，我会拥有自己的幸福。”试着多进行几次，直到自己在诉说时没有任何情绪产生，便不再尝试。

我建议女孩子和妈妈走得更近些，多关心妈妈，在心理上适当疏远爸爸；男孩子则要和爸爸走得更近些，与妈妈在心理上疏远一些。当把自己的“爸爸”“妈妈”都还给他们后，我们就停止了继续寻找“爸爸”“妈妈”替代品的行为，就意味着我们做好了成人的准备，开始寻找和拥有属于自己的幸福。

压在子女心头的，是父母价值连城的面子

我认识艾丽超过二十年，她一直很独立、要强，也非常优秀，是我们一群女同学心中的榜样。记得她在大学毕业后没多久，就向银行贷款，给她父母买了一套房子，改善了家里的条件。她一直将每月的部分工资上交，改善了父母的生活。她的父母是典型的传统父母，我们到她家玩的时候，虽然她父母从不夸赞自己的女儿，但他们的脸上总会洋溢着幸福感，说明他们很为女儿自豪。

很多年来，艾丽一直很想让自己的父母生活得更好些，甚至把自己的终身大事拖了好几年，终于在 32 岁时遇到了真命天子。

在见证了她的婚礼后，我以为她从此过上了幸福的生活。结果没多久，在某一个深夜，我接到了她的电话，她告诉我她的先生对她实施了家暴。我知道这个消息的时间是事情发生的第二天，我问她具体情况，看看能帮她做点什么。一向坚强的艾丽在电话另一端情绪崩溃地大哭了起来。只是让我意外的是，她在电话里并不是在控诉她的先生。她告诉我，她打电话跟父母讲这件事的时候，母亲特别紧张，在那一瞬间她感觉有些愧疚，母亲心脏不好，远隔千里，她觉得自己不应该告诉母亲。可在艾丽准备安慰母亲时，母亲

接下来的反应却让她如同被浇了一盆冷水。

“有人知道这件事吗？你不要声张，传出去名声不好，不利于你们俩以后恢复感情，男人总是要面子的。”

“不要一冲动就想离婚的事，我辛苦了一辈子，在你小的时候我即使那么艰难，也没想过离婚的事。你刚结婚就离婚，人家会说我这当妈的究竟是怎么教育的。我这都是为你好。”

艾丽的妈妈在电话里持续念叨了十多分钟，艾丽说自己就像是被点了穴一样，僵硬地拿着手机，不知道如何回复，也不知道该不该挂掉。她只是能清楚地感觉到被老公打过的那侧脸颊隐隐作痛，靠听筒的那侧脸颊没有了知觉。

在电话里，妈妈只问过一句：“他打伤你了吗？”艾丽听不到妈妈更多关心的话语。

艾丽对我说，挂了那个电话后，她哭了两个多小时。她觉得，从小到大，她的乖巧懂事，工作后的拼命硬撑，在这一刻显得多么可笑。她想起了很多事，也顿悟了很多事。她从小为了满足父母的期待而努力，当她想要争取自己想做的事情时，父母都这样告诉她：“感受不重要，成功最重要，你成功了，咱们家就可以光宗耀祖了。”在父母身边，她的很多需求并没有得到过满足，在婚姻里她也体会到了被忽视的感觉。

“我身后空无一人，我又怎么敢倒下？”艾丽的这句话通过电波，直接刺到了我的心里。

在之后的一年时间里，艾丽积极地调整自己的状态，将情感暂时冰冻起来，还要经常去安慰父母：“你们放心，我会处理好的，不会让你们丢脸的。”在办完财产分割，顺利签字离婚之后，艾丽给父母发了微信，把这件事告诉了他们。

“我们在婚礼上给你的十万元嫁妆，你拿回来了吗？”这就是她收到的父母的回复。

艾丽笑了一下，删掉了这条信息。

单身姑娘小晴在过完 25 岁生日后，一直被母亲催促相亲。小晴一直想按照自己的节奏找对象，但她的母亲特别着急。母亲经常在熟人圈里推销自己的女儿，就像推销快到保质期的产品一样。小晴虽然对此很烦，但无可奈何。终于在母亲的努力下，小晴和母亲单位同事的儿子相亲见了面。结果可想而知，她在整个见面过程中没有丝毫的感觉，回来后就跟母亲说这个人不合适。

母亲对女儿大动肝火。接下来的一个月时间里，母亲动不动就哭，无端地找小晴父亲吵架，然后开始不吃饭，结果体力不支，老毛病心脏病复发，住进了医院。

小晴在病床边，问她母亲：“你为什么要我勉强接受一个我不喜欢的人？”

母亲叹了口气，说：“你要是真的不喜欢就算了，我怎么能勉强得了你？”

小晴奇怪地问：“那你干吗把自己气成这样？”

母亲叹了口气，说：“我这一辈子做的所有事情都是为了让人家看得起我，从来没让谁因为我而丢过脸。现在我连话都说出去了，你连人都见了，我怎么好意思回绝人家？你让我这脸往哪儿搁？”

父母的面子，是子女心中无声的痛苦

孩子在小时候，出于本能，会无限地忠诚于父母，将父母所说的一切视为真理，包括为他们的面子去争取一切。孩子出于对父母的爱，很多时候自动地牺牲了自己的感受，也许在小时候曾经向父母抗争过，但父母的一句“光宗耀祖”便可以将孩子控制住，也可以把父母自己的懦弱藏得好好的。在讲究孝道的传统文化影响下，很多孩子在成人后已经失去了自我，很多人要么在亲密关系中发现自己其实一直没有被真正尊重过，要么在中年危机时才出现了叛逆。

艾丽的父母和小晴的父母一直活在类似的戏码里，艾丽和小晴则一直活在父母的面子里。

“我做的这一切都是为了你，要不是你，我早离婚了。”这是艾丽母亲的台词，艾丽的母亲也被自己的母亲“女人离婚伤风败俗”的面子理论控制着，又把更多的委屈和不甘带给了女儿。艾丽的母亲用相同的方法，复制了一个自己。

家有爱面子的父母，孩子应该怎么成长

不管你是已婚还是未婚，当你意识到你的父母关心的是他们的面子，而不是你本人的感受时，这种领悟无疑都是令人心痛的，但这正是让你快速成长的机会。与父母进行磨合，摆脱为父母的面子而活的状态，让父母认识到他们情绪上的不成熟和人格上的不完整，这都需要时间。我要告诉你的是，这是一场持久战，早晚都要

开始，越早开始越好。

要想摆脱为父母的面子而活的状态，就要从小事上一点点建立疆界。

首先，在与父母的日常沟通中，你要分辨父母的行为究竟是“为了你好”还是“为了他们的面子”。分辨的标准就是，去观察自己内心的感受有没有得到尊重。你如果一直生活在感受不被重视的环境中，那么刚开始联结感受的确有些难。你一旦感觉到心口不舒服，想说什么又说不出，就应该意识到，如果照着父母的心意去做事，就违背了自己的感受，自己的感受其实是最值得被尊重的。

其次，父母一旦发现你竟然不愿为了他们的面子而继续努力，肯定就会出现很多情绪化的言语和行为，这时你要稳定住自己的情绪，守住自己的边界。有一种心理防御机制叫作理智化，就是将内在的感受暂时切断，用理智的言语和行为去成熟地回应父母。在这个过程中，父母一定会激起你的内疚感，这正是锻炼自己的时候。在这个时候，情绪宣泄或反弹都是不可取的。你要在情绪不成熟的父母面前，成熟地处理问题。你可以告诉他们，如果你照他们的要求做，你的感受就会不好，你不愿意去做让你感受不好的事，你要反复告诉他们。

接下来，你要放下对父母的期待。在我们小的时候，我们的很多期待已经被打压了，现在也不要幻想父母会满足我们的期待，他们毕竟需要时间去适应你的改变。很多父母的自尊是建立在孩子对自己的服从上的，一旦我们改变了这种局面，父母就可能出现很多反弹行为，那时你可能倒觉得他们更像孩子。

当看到父母呈现出如同孩子一般的状态时，我们要调整一下自己的角色，想象一下自己希望父母如何对待自己，然后去扮演理想父母的样子。在这个过程中，把你的父母想象成你自己的内在小孩，滋养他，抱持他，时间久了，他们就不会再哭闹了。

以上都是一些日常处理的方法。我们其实还要进行长期的心灵疗愈，去修复和面对自己的内在创伤，找回属于自己的内在力量。假以时日，我们就可以用成熟的姿态重新构建自我和新的家庭关系，建立一种更为健康的家庭边界和一个更强壮的自我。

家，有时并不是我们的退路，有时还会带来更大的压力。在身后没有温暖的避风港时，自我成长才是唯一的出路。

春节，让心回家不再难

小安坐在我面前，告诉我她很怕过年回家，因为她特别害怕面对自己的亲戚们，她从小就在他们刻薄犀利的言语中度过。她的父母在经济上需要大家庭的支持，只能对这些言语装聋作哑。长年在这样的奚落下长大的小安，性格敏感脆弱，一到家庭团聚的时候就会出现各种焦虑。

朵言在每个春节都过得郁郁寡欢，她总是兴冲冲地早早置办了年货，抢到了火车票，总是办公室里最早请假回家的那个人。可每次过完春节，她都像被人刮了一层皮一样绵软无力。因为每次回家，她都答应了七大姑八大姨的种种请求，或者要借钱给这个亲戚，或者要给那个亲戚的孩子介绍工作。因为这些要求都是朵言的父母一口答应的，朵言和父母一样，将承诺当成了习惯，尽管很多承诺已经超出了她的能力范围，但她根本没有拒绝的能力，只能再用将近一年的时间去完成当初答应的那一句话。

英南看上去没有以上这些负担，依然单身的他告诉我，他其实一点儿都不害怕父母唠叨他的婚姻大事，让他很气愤的是父母对他所做的一切视而不见。他努力学习，努力工作，在职场上尽力而为，希望能光宗耀祖，但父母对他所做的这一切都没有感觉。他沮丧地跟我说："当一个人在城市里打拼，已经累得不想动时，只盼着回家见到父母。刚见面的那一刻本该像广告里那样和父母相拥在一起，但我的母亲只会劈头盖脸地数落我没有女朋友，活该这么累。这种感觉，比一个人在城市里打拼还要孤独。"

春节时的团聚，在记忆里伴随着热气腾腾的温暖，成了人们忙碌一年后的心灵安歇之地。"千难万难，回家过年。"每当春节临近时，这句话就像是我们的内在誓言一样，激励着我们为了实现这个誓言而努力奋斗，可同时出现的还有焦虑、不安、担忧，甚至逃避。

过节拜年俨然已经由亲热的探望变成了年终标签盘点：考上了什么大学，去了什么公司，拿了多少工资，谈了什么男朋友……我们麻木地应承着，交换着各种信息。这些亲戚真的是在表达关心吗？我们其实很烦这些问题。可悲的是，我们并不知道该怎么去关心和自己有着血缘关系的亲戚们，那些话，我们只能无力地重复着，甚至重复给我们的下一代。

那些程式化的问候掩盖的是我们的恐惧。我们对他们除了这些标签外一无所知，不管是远房的亲戚还是最亲的父母。因为我们不了解这些亲戚，所以只能对他们说这些话，这反映出我们对他们一无所知的恐惧。社会价值取向对每一个家族的影响都很大，婆媳妯娌之间的隐性攀比都显化为各种标签，可能是随意露在衣领外的名牌标签，也可能是红包金额的直接较量，所有这一切无非是为了掩盖自己怕被家族亲戚瞧不起的恐惧。你活了多少年，就过了多少坎，像这样一年年地积累下来，家庭背景就成为发展自卑的土壤。

孩子们从过节时父母对别人家孩子的羡慕或过度的遮掩中，听到了父母心中认为自己不够好的声音，自卑的种子早早地种在了自己的心里，暗暗发誓努力改变家庭状况。这些通过经年累月积累下来的恐惧，并不会因为我们长大了而消散。

小安的姨妈，由于自己的婚姻不幸福，又妒忌自己姐姐的美貌和姐夫对姐姐的疼爱，这份妒忌无处投射，只能通过各种尖酸刻薄的话语来刺激小安的痛处，例如家里经济贫困、父亲工作普通等。这样若有若无的羞辱一直伴随着小安的成长，而且变本加厉。小安的父母怕失去家族的财务支持，只能一再忍让妹妹对自己孩子的攻击。小安姨妈的内心充满了对自己人生的恐惧，无辜的小安在姨妈的恐惧中长大，阴影很深，以至于明明早已到了足以保护自己和家人的年龄，每当想到将要再次见面时，小安都会被那份恐惧淹没。

朵言家一共有三个姊妹，朵言排行老二，就是传说中最不受待见的那个孩子。从小到大，她感受到的爱都是父母给大姐和弟弟的爱的边角料。她总是想尽办法去引起父母的注意，努力学习，多干家务，二十年如一日地坚持下来，不但考上了大城市的大学，还里里外外地操持着这个家，相当于一家之长。父母的确为这样的女儿自豪，但这样的自豪感总是在外人的夸赞后转瞬即逝，父母的眼里似乎只有苦命的大姐和体弱的弟弟。朵言总觉得在父母眼里，她的分量很轻，无论她做出怎样的努力，父母似乎都觉得理所当然，甚至还理所当然地替她在亲朋好友那里做了很多的承诺。朵言虽然心里有委屈，但她看不见自己怕被父母忽视的恐惧，将每一次的承诺都当作自己可以赢得父母之爱的机会，一次次让自己变得疲惫不堪。

英南的父母习惯在节日期间拿英南和亲戚家的孩子进行比较。

不管是成绩、学历，还是工作、薪水，英南从小到大都在压力中成长、拼搏和努力，但总是达不到父母的过高要求。那种感觉就像他的人生考卷永远得不到满分一样。英南父母对英南如此挑剔和不满，其背后隐藏的是父母自身的成长焦虑。他们也许错过了自己成长的最好时机，便将希望寄托在孩子身上，孩子的成就成了他们证明自己的工具。

小安将姨妈的恐惧转移到自己的身上，朵言没有看到自己的过度付出是出于对父母不爱自己的恐惧，英南的孤独里藏着他父母的生存恐惧。这些深层的恐惧如果不被看到，就只能通过“有条件的爱”来呈现。“我爱你，不是因为你是谁，而是你拥有了什么。”这种有条件的爱，在亲友春节团聚时显得尤其突出和悲哀。家庭中的血缘之爱、亲情之爱被这样功利性的话语掩埋，让很多人过得并不幸福。

我们都渴望无条件的爱，渴望那种“无论你在外面怎么样，只要回家过年就好”的全然接纳。但那些人格没有塑造好的人，或是在原生家庭中没有分化好的人，在面对无条件的爱时，会觉得恐慌，会觉得要失去自己，所以需要用这种有条件的、贴标签的方式，来隔离跟身边人的亲密。看看我们自己，是不是也很讨厌春节走亲戚时的虚伪客套，会不会因恐慌而感到无所适从呢？

我们如果执着于春节所带来的压力，就说明没有把这个剧情看透。我们既然都躲在恐惧之中，那么不妨自己主动从恐惧中走出来。

首先，我们来设置合理的家庭边界。无论是我们的父母还是我们的亲戚，在他们的成长过程中，在他们的人生议题里，都有他们自己需要面对的功课，应该对那些议题负责的人是他们自己，而不是我们。如果他们出于自己的恐惧而侵扰到我们，甚至侵扰到我们的家庭，那么我们是有权力对他们说“不”的。别人之所以一再侵犯我们的心理界限，可能是因为我们一次次地容忍和默许别人的侵犯，也可能是因为我们顾忌对方的面子或者家人的感受。如果忍让换来的是对我们自己的伤害，那么我们就需要主动设置家庭边界。说“不”很简单，可以温和而坚定地重复表达，我们要克服的是自己的羞愧心。比说更重要的是做，是行为上重复一致的坚持。我们虽然嘴上说“请你尊重我”，但在行为上仍然允许对方越界，这样不但让我们的话显得毫无意义，而且会让我们的边界又往后退了一步。

然后，倾听亲人的心声。我们如果一直处在亲人以前跟我们交谈时所造成的恐惧中，那么就会错过他们现在的心声。英南如果一直活在父母投射在他身上的生存恐惧里，就感受不到这是父母对他思念的另一种表达方式。很多父母常常用一种埋怨或挑剔的口吻来表达对孩子的思念。英南可以试着放下自己对父母的评判心，耐心倾听，就能感受到父母希望他一个人在外打拼时能照顾好自己的愿望。

最后，引导亲人关怀他自己的内心。一个人如果能够教会别人如何设置界限，同时还能倾听到对方的心声，就体现了成年人负责的态度。如果我们能教会亲人与他自己的内心进行更多的联结，那么对方一定会觉得我们善解人意、为人成熟。做好这件事并不容易，首先我们要和自己的内心联结，看到自己的恐惧是什么，敢于直面恐惧，引导对方多关注他自己内心的快乐。如果我们的亲人总是讨论外在标签，那么我们可以经常带他回到自己的内心，比如这样说：“我们快乐吗？”“做到了这些事，你是不是感觉很满足？”我们在一连串的表达中都在向对方传递：“比起你的外在，我更关心你这个人！”对方会在我们的提问中一再返回到自己的内心去确认感受。一场拜年的唠嗑之后，大家都会感觉到心与心的距离拉近了很多。

也许家的确伤过人，这就是我们不敢回家的原因，但那都是过去。家，是可以恢复温暖的，是可以安放心灵的。这一切的改变，都取决于我们自己的态度。

我们要和解的是父母还是自己的感受？

我已经有两年没见到父母了，满怀着期待和激动，在大年初三的中午终于与家人团聚了。在家里特别能体会到爱的地方就是饭桌，一家人围坐在一起，推杯换盏，在唇舌间品味着妈妈的味道。在爱的记忆被唤起时，与成长相关的其他记忆也一并被唤起。

在边吃边聊中，妈妈说起一个话题，带点儿嗔怪地拿食指戳了一下我的脑门。在她的手指用力地触到我皮肤的那一瞬间，与这个接触相关的所有感受一下子从我心底涌起，瞬间就淹没了我。我的笑容和身体还在机械地应承着眼前的交流，因为我的意识告诉我这只是妈妈的一个习惯性动作，她并无恶意。可身体的记忆远比我想象的强大，那些储存在潜意识里的与这个动作相关联的指责、评判、嘲笑都像放电影一般，一幕幕跳出来给我看，硬生生地将我与这个团圆的饭桌隔离开来。

在中国人集体潜意识的带动下，仿佛只有吃大餐喝大酒才是春节的标志。于是在春节的那几天里，每天都被各种大餐填满，我和先生吃到第三天便招架不住，感觉满头满身都是羊肉猪肉，但由于风俗的关系，东家请完西家还要请，本来满心期待和父母聊聊家常说说话，却一直在亲戚间的各种宴席上疲于应付。我的身体终于出现了阻抗——头疼，再加上喝各种酒，而且生理期临近，头疼得想要撞墙。

这一次轮到父亲撒盐。

父亲以前已经答应老同事的邀请准备赴宴，但由于身体不便而无法参加，强调我和先生必须去，不能驳了对方的面子。先生一再表示他自己代表大家去赴宴，让我在家好好休息。但父亲言辞激烈，不依不饶，再三强调头疼算什么，忍忍就过去了，不能这么不懂事！他们的对话一来一去，我只是在旁边扛着脑袋听着，此时此刻，父亲对我的头疼的否定和因为我不能满足他的期待而给我的评判，再一次唤醒了我从小到大被父母忽略的那份感受。只是与上次不同的是，我这次看着自己的这份感受慢慢地出现并与我同在，却没有让它肆意地淹没我。虽然我还在不情愿地抱怨："是我的身体重要还是面子重要？"但最后我答应赴宴，在我掂量完吃饭并不会加剧我的头疼之后。

在回老家过春节的这几天，每晚入睡前，我都会将白天所经历的那些小细节和感受向先生倾诉，诉说着从小到大积累的委屈和愤怒。先生不解地问我："为什么你要忍着头疼去赴宴？为什么以前没有看到你在和你父母的互动中流露出这么多的脆弱？"

我想了一想，说："我好像真的明白'和解'是怎么回事了。"

我们的父母是什么样的一群人？

为什么要“和解”？因为以往的代际冲突从未像我们这一代与父母的冲突这样突出。谈到与父母“和解”，前提是对他们足够“了解”。

我们的父母大多是“40后”或“50后”，他们经历过物质匮乏和各种坎坷动荡，这样的经历对他们的一生产生了深入骨髓的人格影响。

我发现很多老人常常在微信朋友圈转发一些骗局。在他们的眼里，“不安全”是一种常态，信任是一种奢侈品，所以对于那些他们深信不疑的理论，他们就会一辈子抱着不放。这些老人具有非常明显的“二元对立论”，有着根深蒂固的非黑即白、整齐划一的价值观，在他们的世界里总会有“是非对错”，他们处理问题时很少选择折中或妥协。在整个成长的过程中，他们常常不被允许表达真实的感受，甚至不被允许真实地表达自己的想法，为了生存，宁愿对外人千篇一律地好，对家人稍微狠一点儿也没有关系，毕竟顾全大局才能好好地活下来。

由于经历过物质匮乏和坎坷动荡，他们特别希望稳定，凡事以有用或无用来判断是非利害。我在考大学前选专业的时候，父母一再强调会计是一种可以让一辈子都稳定的工作，即使退休也能返聘。父母认为除了教科书以外，所有的书都是无用的，所以我只需要专心学习就可以了。于是我们这代人到了中年，很可能就会面临从事的职业并非是内心真正想做的事的冲突，或者出现对各种无用知识的极度渴望。

父母是爱孩子的，只是他们在自己的成长过程中常常不被允许“看见”自己的感受，不被允许有自己独特的“需要”，他们在抚养孩子的过程中，自动地把孩子的感受和需要阉割了。由于从小经历过物质匮乏，他们认为对一个人好的最高境界就是给他好吃的、好喝的。由于要一直服从集体利益的需要，淡化个人需要，他们触摸不到我们内在的情感需求，正如他们屏蔽了他们自己的情感需求一样。

如今的社会渐渐变得多元，就拿婚姻这件事情来说，不仅晚婚晚育越来越普遍，独身、丁克也慢慢地被大家接受。但很多父母仍然以爱之名控制着想要独立的子女，他们生怕自己的孩子与别人家的孩子不一样，于是年年上演逼婚大战。在“只要学习好，别的什么都不要管”的教育理念中长大的孩子往往缺乏独立性，再次认同了父母所投射的个人无能感，很多孩子很难离开原生家庭，即使组成了新家庭，也无法在心理上断奶。越来越多的人认识到原生家庭对自己成长的影响非常大，大到超乎想象的程度，于是又开始埋怨父母对自己的人生产生负累。由于“40 后”“50 后”父母那代人的经历存在不可复制性，又由于“70 后”“80 后”这代人经历了历史上经济跨越式发展的年代，因此这两代人的代际冲突显得特别激烈。

和解的前提是将父母给我们造成的不良感受和他们本人分开

我们之所以难受，是因为我们在成长的过程中违背了自己的意愿，去满足父母的要求，也是因为我们知道父母其实是爱我们的，我们也很爱他们。“70 后”“80 后”的这代人在自己的孩子身上，看到了儿时的自己，在自己的亲密关系中，看见了原生家庭给自己打下的烙印。所以，我们需要改变，需要避免父母的错误在我们身上重现，好让轮回不再发生，好让自己的婚姻换一种模式，换一种与父母婚姻不一样的模式。

我们如果仍然一味地埋怨父母，那么不但不能改变父母的认知，还会增加自己的愧疚感。我们如果一味地过度纠缠这件事，就说明仍然将自己放在一个孩子的位置上，无法拥有成人的心理能量。

所以，和解从未像现在这样紧迫。

到底该如何和解呢？

在和解这条道路上，我摸索了很多年。一个心理学从业者并不一定要变成一个完人才能去工作，而且和解并不是突然发生的，需要前期大量的心理建设。我这次回家过年，明显地感受到，我们要和解的目标可能并不是我们的父母，而是带有那个时代烙印的感受。

首先，我们要对自己的情绪有鲜明的觉察力。到底父母说了哪些话，做了哪些事，能让我们出现那些熟悉的感受？应该对那些感受负责的人不是父母，而是我们自己。毕竟掌控回忆的人是我们，如果我们只是肆意地把这些感受一股脑儿地用指责的方式扔给父母，那么父母也许会无法接受，也许会自责，这样反而会增加我们的愧疚。也就是说，我们自己要对过去的恐惧负责，而不能用它去惩罚父母。

当我们的心里出现了那些感受的时候该怎么办呢？以往我的处

理方式和父母对待我的感受的方式一样：逃避、转移或者压抑。这些感受是实实在在地存在着的，如果不进行疏导，就会堵得难受，最直接的受害者就是在亲密关系中的另一半，因为这份讲不清楚的难受迟早会被对方挑起，而且我会一股脑儿地算在他的账上。所以，最好的方式就是将这份脆弱表达出来。你如果拥有一种安全的亲密关系，就可以向你的伴侣诉说，或者向一个完全接纳你的朋友诉说，也可以寻求专业的心理帮助。当我们把脆弱表达出来以后，这份脆弱就在我们的心理层面减少了。

其次，看见父母的真相，接纳爱我们的父母。当看到父母用伤害我们的方式，笨拙地跟我们进行联结的时候，尤其是连爱都用评判、否定的方式表达的时候，我们要明白这是父母这一代人学到的方式，甚至是他们生存的模式。如果我们能把父母错误的行为和他们本人区分开，能把他们对我们的伤害和爱区分开，就说明我们不再是一个孩子的模样了。我们要把精力放在自己的持续成长上，要改变我们顺手从父母那里学来的错误的表达爱的方式，学习用正确的方法表达爱。我如果把感受一直停留在母亲指责我的动作上，就感受不到这是母亲表达爱意的为数不多的方式。我如果不能接纳父母这一代人的偏执思想，就无法理解他们这种死要面子让家人活受罪的极端行为。只是，我可以接纳父母的历史遗留问题，同时要表达出父母忽略了我的感受。

再次，我们要认识到，在我们的先天个性中，我们是会放大不良感受的。在家乡的那几天，我先生偶尔问我："我觉得你父母说的这些话好像挺平常的，没想到会给你带来这么大的情绪。"我一开始告诉他，这是因为他没有和我共同成长过，不知道这句话的背后包含着我在陈年往事中积累的各种不良感受。静下心来，我发觉，也许在当年经历那些陈年往事时，小小的我一直沉浸在那些不良感受里，所以会把那些感受不断地放大，放大到淹没了我的程度，而且刻在了我的记忆里。毕竟有许多的案例证明，在同样的家庭中，用同样的教养方式抚养长大的不同的孩子，对父母的感觉会大相径庭。在这一点上，我要有所觉察，要时刻提醒自己。

最后，我们要打破原有的模式，自己走出青春期固执的状态。我经常看见一些年纪相当于我父辈的老人在谈到他们的父母时咬牙切齿，他们可能依然停留在青春期的反叛阶段。时代变换，外在世界的压力很容易让我们的心理退行，当发现自己的失败与父母的错误教育方式有关时，如果我们一味地停留在对父母的抱怨上，那么我们的心理就会被阻滞在这个阶段。由于在原生家庭中受到被父母忽略感受的影响，因此我会在自己的婚姻里按照旧有的处理方式体验相似的感受。当不被对方看见时，我就会压抑自己或者转移注意力，这种压抑或转移又让我体验到了不被爱的感觉，不管我有没有向对方抱怨，我都处于青春期固执的状态。但我还可以选择另一种应对方式，就是将被忽略的感受和内心的脆弱直接向对方表达出来，这样就打破了原有的模式，这是一种成年人对自己的感受负责的态度。当然，我不建议你在严重偏执的父母面前这样做，这样做只会加深他们的误解，也许以后会有机会表达，但这的确需要时间。我一直认为，最好的疗愈其实就在亲密关系里，当你被另一半深深理解时，这份理解就是一种疗愈。

春节期间，我去看了一部电影《乘风破浪》，恰巧是一部父子和解的影片。与父母真正和解，并不是要抱怨父母曾经给我们带来的伤害，而是要在他们的历史背景中理解他们，看见他们对我们生命的影响，终止他们在我们的人生中所产生的副作用，要学习和成长，不断地突破自己。

在呼和浩特转机时，我看到了一架飞机刚刚降落，天空中还留着它清晰的轨迹，另一架飞机正在起飞。这两架相似的飞机在天空中展开了不同的旅程，它们不会产生交集，却属于同一片天空。正在降落的飞机的任务是安全降落，正在起飞的飞机的任务是安全起飞，展开新的征程。

我们的人生不完整，不能再向母亲要

（一）

坐在我面前的姑娘大约 20 岁，我一眼望过去，除了臃肿的身材外，凌乱的长发下有一双黯淡的眼睛和两个黑眼圈。我知道这两个黑眼圈的背后一定有很多故事，只是这些脆弱和伤心的故事并没有来得及展开，就被时不时的白眼抢了戏。

这姑娘坐下来不超过十分钟，就冲着她母亲的方向翻了七八个白眼。

她的母亲就坐在她边上，两腿靠向一侧——门的那一侧。

母亲：“你不去上班也就算了，一天到晚好吃懒做，还乱发脾气，根本就不像一个正常人啊！”

女儿：“你怎么不想想为什么我会这样，你一天到晚地盯着我，我哪有空间做个正常人？”

虽然她们俩在对话，但是她们的眼睛都盯着坐在她们对面的我。看着她们俩的神情，有一瞬间我有些恍惚，如果为这对母女拍出一张照片的话，就能看到母亲与女儿的眉头肯定是一模一样的。

她们的对话就这样一来一去，母亲刚说一些担忧和抱怨的话，女儿就立即反驳回击，然后母亲再扯出另一个话题，女儿再回击。

我静静地倾听了几个回合后，便开始叫停。

我对女儿说："你口口声声地说要空间，但妈妈一说话你就会反驳，你想要的空间在你张口的那一瞬间，就被自己剥夺了。"

我对母亲说："你来咨询是因为女儿情绪不稳定，而且有轻生念头。可你看，你越担心女儿，女儿就越没空间，越想死。"

母女俩都陷入了沉默。

（二）

在一次团体治疗的课程中，有一位女孩想起了自己的母亲，情绪突然变得很激动，老师便让她选出另一位同学代表她的母亲。这个女孩只是示意让这个代表母亲的同学坐得远一点儿，再远一点儿，直到被另一个同学完全挡住。

女孩的嘴里不断地念着："我不想看见你，不要看见你，你离我远一点儿！"

就在她的"母亲"被完全挡住的一瞬间，这个女孩泪如泉涌。

当老师问到这个"母亲"的感受时，这个"母亲"对女孩说："当你让我坐得远一点儿时，我有些愤怒。可是当我完全看不到你时，我以为我会伤心，但我好像只感到害怕，我怕你，我不敢看你。"

女孩已经瘫软在座位上，泣不成声。

（三）

女儿与母亲的和解之路有多难走，每对母女都清楚。

当读了很多心理学文章之后，我们才意识到母亲的担忧变成了自己活不出精彩的诅咒；意识到自己在无意识里重复了母亲的人生，以表达对她的忠诚；意识到自己除了对抗和攻击以外什么也不会，就像母亲一样。

在这个允许表达恨的年代里，我们可以通过网络、课程、咨询师，把被压抑的愤怒甚至恨表达出来，因为我们看见了它们对我们人生的影响。

因为那些恨，我们不自觉地投射给身边人满满的怨。

因为那些认同，我们在关系里卑微地祈求男人的爱。

因为那些缺失，我们不习惯在亲密关系里张开双臂去接受爱。

这是一个必经的过程，我们看见了伤害，以及伤害对我们的影响，我们必须表达对伤害的愤怒和恨。

如果恨不能被充分表达，爱永远没有机会进来。

比不表达更糟糕的是，我们压抑着自己的恨意，维持着表面的孝道，过着拧巴的人生。

不过，在表达时，我们不一定用语言，也不一定向曾经给我们造成伤害的母亲表达。我们首先要看见那些伤害确实存在，然后找到合适的途径说出来或者写出来。

（四）

如果我们在童年时期该进行的心理发展停滞了，在那个停滞的地方就会形成一种应对机制，久而久之，这种应对机制就构成了我们应对外部世界的防御模式。

在亲密关系中，伴侣唤起了我的不安全感，于是我的防御模式就是不断攻击，这样的攻击又唤起了伴侣的防御，于是我们两个人在防御层面彼此斗争，却不敢轻易地先卸下防御，去展示自己的爱，因为我们都很擅长防御，那是从小就穿在身上的铠甲。

最初的防御来自早期的母婴关系。

如果在婴儿时期，我们在母亲的怀里体会到的是积极的关注和温柔的呵护，这份安全的依恋就会被复制到爱人的怀里。

但大多数时候，由于种种限制，母亲比较焦虑，或心有所虑，幼小的我们体会到的是不被关注，甚至是不被爱，然后我们以为只有自己变得更好，母亲才会爱自己和关注自己，或者用各种恶作剧吸引母亲的目光，不得不说，这一招很有效。

这就是我们最初学会的防御，于是我们简单地复制这种模式。

可人生不是单线程工作，关系也不是。

母亲和婴儿之间较高的配合度确实非常有助于婴儿的成长，比配合度更重要的是婴儿先天的性格、母亲天生的母性能力，以及母婴之间的互动。

事实上，母亲和婴儿是一个相互作用的系统，在这个系统中，一个人的行为会不断地影响和强化另一个人的行为。因此，孩子对母亲的影响可能反过来影响母亲对孩子的反应，从而影响孩子的后续发展。一个母亲的性格如果不好，就不利于孩子的发展和成长，病态的孩子又会加剧母亲的坏脾气。因为这是一个封闭的循环系统，所以最终的病态关系不能只归因于其中的任何一方。

有三个相互作用的因素影响着人格的发展：先天的倾向、发展的影响和个体的经验。天生的倾向是指我们每个人先天的性格，除此之外，我们在人生的每个成长阶段都需要完成自己的心灵成长任务，如果完不成或有缺失，便会在那个阶段停滞住，我们与重要他人的互动又强化了我们的个体经验。

这一系列的活动构成了心灵结构，也就是人格。

我们能从这三个因素中看到，母亲参与了后两个因素，在一定程度上，后两个因素又取决于我们的先天倾向。

如果一个人天生敏感（先天的倾向），再加上一直看着父母的脸色长大（发展的影响），他在与重要他人的互动中形成的经验是：我是不被爱的、低价值的（个体的经验），这样产生的防御行为就是退缩的、拒绝的。在亲密关系里，不被爱的感受一旦被唤起，就会主动切断关系，推开对方。

我们如果过于强调父母的影响，就容易忽略自己先天的倾向。很多人口口声声地说要与父母和解，但总是进行不下去，很可能是因为没有渠道去释放那些负面感受，以及不敢面对自己的先天倾向。

有位咨询师为我解读了我的先天性格、我与母亲之间的互动，以及这些互动给我带来的痛苦。

那次咨询后，我哭得昏天黑地。

那是一种“我学了这么久，努力了这么久，原来这一切的根源还在于我自己”的感觉。

（五）

很难用语言描述妈妈和女儿之间是一种什么样的关系。我们是世界上最爱彼此的人，也可能是最有能力伤害彼此的人。我们只是相爱，但是并不真正理解对方。

当我彻底接纳了自己人生的配置后，笼罩在我母亲身上的雾才渐渐散去。

我开始关注她究竟为什么会说出那样的话，出现那样的行为，不再把重心放在她怎么又说那样的话，又出现那样的行为上。

拿一件小事来说。就在前几个月，我母亲突然问我，我的先生与他的前任是否还有联系。我奇怪她为什么突然问这个问题，她很神秘地说："男人啊，不得不防。"

在那一瞬间，我先是感觉很荒谬，随之而来的是愤怒，这是一种从小被人看不起的愤怒。当看见这些感觉流过我的内心后，我对她的这个问题产生了好奇。

在稍晚些的时候，我和妈妈随意地聊着天。她跟我说起我帅气出众但身体不好的父亲时，说了这样一句话："就是因为你爸身体不好，否则他肯定会有别的女人的。"

显然，她把自己的不安全感妥妥地投射在了我身上，当聊起我的外祖母时，我更明白了这样的不安全感是如何通过一代代传承下来的。

我如果还停留在以前的阶段，对她说的话生气，就很难看见真正的她，很难看见那个脆弱的她是如何艰难地一步步撑过来的。

也许有很多人像我一样，忘记了"母亲"这个角色的背后还有她自己。

（六）

春节过后，和父母和解的话题，又成了老生常谈。

就着这个话题，我想再多说点儿。你如果愿意活在童年的创伤里，那么不管做了多少心理治疗或者上了多少成长课，都可能面临以下三种结局：

第一种结局是清除了障碍，重建了关系，这是比较理想的状态。

第二种结局是与母亲恢复了关系，但无法非常亲密。

第三种结局是母亲真的非常糟糕，无法达成和解，但你可以让她不再影响你的生活。

这三种结局没有对错或优劣之分，出现哪种结局取决于自己的成长阶段。我不愿意看到的是，明明会出现第三种结局，却要花很大的力气往第一种结局上靠。我以为我面临的是第三种结局，但我真的通过自我成长得到了第一种结局。

天下万物的来去都有它的时间，母女关系也一样。

接纳自己的先天倾向，是与自己和解的第一步。如果你绕开这一步，那么和解只是表面文章、天方夜谭。

给大家推荐一部老电影《喜福会》。影片中母亲们通过自己的聪明才智与命运进行了抗争，为自己找到了自由。她们在女儿心里造成的伤害，令女儿们找不到自我。结果，四个女儿都走了弯路，或者婚姻不幸，或者失去了生活的目标。她们一直都为别人活着，或者是为母亲，或者是为丈夫，却从未想过按自己真实的意愿去活。

母亲们后来意识到了这种伤害，意识到了自己过高的期望或者自己残缺的人格对女儿产生的影响，她们向女儿们伸出了手，鼓励她们。

影片背景不同，文化不同，结局设计也不同。

我觉得，应该最先伸出手的，是我们这些女儿们。

你必须放弃想要一个更好的过去的想法

一位 60 岁的老妇人萨丽在进行了多次心理治疗后，向她的治疗师袒露了她心底深处的秘密。她有一个黑皮箱，早在 15 年前就已经被贴上封条封存了，被放在一个看不见的地方，通常是在衣柜的最深处。她一生搬家很多次，无论走到哪里都带着它。那里面被封存的是她 14~45 岁的文字作品，基本涵盖了一个女人最美丽的人生时刻。她告诉治疗师，之前的作品并没有被打包起来，只是因为发生了一件事情。在 14 岁那年，有一天，在她父亲的抽屉里，她发现了自己写的几页诗，那几张纸摸上去还有些湿，可能是父亲滴过的泪。无论如何，萨丽异常愤怒，她放火烧了自己所有的作品。

她的青春期过得很阴暗，多次想过自杀。她回忆起在自己取名为《公交车上》的作品里，她搭上了一辆公共汽车，从始发站坐到终点站，来来回回地坐了好几个小时，一路上都在想，应该如何结束自己可悲又可笑的生命。

萨丽在成年结婚后，有过一段婚外情，她把那段恋情看作一生中最美的岁月，她在那段时间里写了大量优美的文章。最终她发现，自己心爱着的人只是在利用自己而已。所有记载她人生成长的文章，都没有被发表。那些无比阴郁黑暗的内容，记录了萨丽从幼年到成人的人生历程中无数的伤痛。

世界闻名的存在主义心理治疗大师欧文·亚龙在其80岁高龄时创作了一部心理治疗故事集《浮生一日》，萨丽的故事就是其中的一个。我之所以对其印象深刻，是因为萨丽非常具有代表性。

随着咨询关系的建立，来访者逐渐对我产生了信任，我在咨询室内能触及很多人的核心情结。有时候，明明看到来访者的内心冲突，但过早指出真相并不会对其有多少帮助，更多的是像亚龙在治疗中的作用，耐心地倾听和陪伴。我有很多朋友，他们在年龄渐长时，有时间和精力去盘点自己的过去，很想让治疗师给他们变出不一样的过去。他们倾吐着成长过程中的伤痛，抱怨着父母和爱人，细数着过往的伤害，仿佛那些伤害刚刚在昨日发生。我遇到过一位中年男士，他在纠结是与初恋情人再续前缘，还是和自己的妻子继续生活。在这样的议题里，我能看到他对过去无数的留恋，那些留恋里充满着自己粉饰过的幻想。

我们把对过去的恨和爱编织成脚下走过的路，一直走到了现在。也许在拼命读书、挣钱养家、努力奋斗时，我们来不及回头品味曾经走过的路，如果稍有喘息的时间，回头望去，对自己的心路历程开始思考"为什么"，就会痛苦地发现自己的人生曾经受到过那么多的创伤。那些创伤并没有随着时间的消逝而一笔勾销，它们仍像我们身体内的某部分细胞一样，在时不时地影响着我们的现在。这样的时刻其实是很痛苦的。

"我发现我对我老公怨恨的原因同我母亲对我父亲愤怒的原因相似，我对待老公的方式又像我所讨厌的母亲那样粗暴无礼。我与母亲内心的距离无比遥远，以至于我和谁都无法亲近。”

尤其是当接触到有关原生家庭的议题、与父母和解的议题时，很多人都会思考自己为什么会出生在这样的家庭，为什么会遇到这样的父母。在现实中，有很多朋友把自己卡在了这个地方，似乎心理学的学习让他们发现了原生家庭的问题，然后可以拿原生家庭为自己当下的不如意背黑锅。他们对于曾经的经历都有这样的遗憾：假如没有创伤，就可能拥有不一样的、更好的过去，也可能拥有与当下不一样的、更好的人生。

这种因创伤而起，也因创伤而被压抑的人生欲望具有无比强大的动力，让很多人执着于想要拥有更好的过去。比如我前文提到的那位中年男士，他沉浸在对初恋情人的思念中，他描述自己当下的症状是麻木无力的，感觉自己与世隔绝，感觉自己好像没有真正地活着。其实他只是感觉到自己的生活无趣无味，丝毫没有意识到他是在麻醉自己，是在逃避当下的问题。

况且，我们真的应该完全相信我们的记忆吗？小时候，我觉得家乡西瓜地里的西瓜真的是太大了，是我这辈子见过的最大的西瓜。等我成年后再回到家乡，地还是那片地，西瓜也没有退化，但无论是西瓜地还是西瓜，在我的脑海中都缩小了很多。

我们是用什么来进行记忆的？用的不是事实，而是感受。感受真的靠得住吗？

我曾经遇到过一个案例，一个女孩在我面前哭得很厉害，诉说她的母亲如何粗暴冷酷地对待她，她的成长如何不容易。在当时的情境下，作为她的咨询师，我给予她必要的安慰，甚至包括肢体上的安慰。这都是人之常情，可我不知道为什么，在那一刻，虽然我真的能进入她痛苦的情感世界，但我的身体并没有过多的反应。又过了一周，这个女孩告诉我一件事。她在治疗后跟自己的母亲聊起了在我这里聊起的事情，她对着母亲声泪俱下地控诉："为什么？为什么你从来不抱我？你知不知道就是因为你不怎么抱我，造成我现在跟谁都很有距离感？！"她的母亲惊讶地瞪着双眼，委屈地哽咽着说："女儿啊，我怎么不想抱你呢？我一直不明白为什么，从小到大，我一想抱你，你就躲开，不要我抱，或者转过身不理我。我也很想知道你为什么那么不喜欢妈妈啊！"

深深折磨我们的那些痛苦经历，到底真实地发生过吗？就算是真实地发生过，我们之所以会痛苦，真的都是因为别人对待我们的态度吗？有多少记忆能真正靠得住？有多少感受是我们信念的产物？

如果你卡在了这个阶段，那么我的建议是，去找一位资深的心理咨询师，把你内心对过往真实的感受吐露出来。这个步骤相当重要，在倾诉的过程中，伴随着重新经历的人生，会有很多的情感涌动。那些情感的宣泄能够一次次地深层净化心灵，只有把心灵的垃圾倒掉，人生才会减负，才能更好地聚焦当下。更重要的是，在这个重新经历的过程中，你会神奇地记起很多鲜活的往事，很多关于你的亲人、恋人和朋友之间的事，都可以和咨询师一起讨论。在这个讨论的过程中，咨询师可以帮助你矫正曾经歪曲的感受，那些歪曲的感受可能就是让你产生当下内心冲突的始作俑者。

也许你会领悟到，你的父母并不是残忍地不愿意为你付出关爱，其实他们自己也没有拥有过这种爱。你的初恋情人之所以让你"耿耿于怀"，并非因为她真的多么美丽动人，而是因为当前的婚姻问题和当年与女友分手的情形一样，逃避当下的好办法就是美化过去。

在亚龙的这个个案里，萨丽没有找到之前的《公交车上》的原文，她便重新写了一篇。在这篇新文章里，本想自杀的她遇到了一位好心的公交车司机。司机看到寒酸的她，本不想让她上车，但又不忍心看到她瑟瑟发抖的样子，就安排挂着泪痕的她坐在发动机罩上，让她取暖，并在车辆靠站时给她买了杯热咖啡。她和这个公交车司机坐在一起，乘着公交车，来来回回地跑在小镇的马路上，就这样跑了一整天。

我们只要不再希望自己拥有一个更好的过去，就能为自己带来特别的疗愈。

04

第四篇

给孩子一个完美的原生家庭

老公，我希望你这样做孩子的父亲

每隔几个月，我都会和我大学的两位室友聚会。十几年来，我们各自结婚成家，随着家属的加入，聚会的队伍越来越庞大。我们彼此在生命的实践中交流、成长，也在对方落入深渊时拉对方一把。只是这几年来，我在聚餐的餐桌上发现了一个奇怪的现象。

晓依的女儿才六岁，就经常和妈妈拌嘴，甚至吵架。她们母女俩要是斗起来，压根不把我们当外人，你一句我一句，那种气氛简直像宫斗剧。

白澜一直是我们当中的女强人，她很强势，每次聚会时，我们都看见她的儿子一直在小心翼翼地跟她说话。这个 8 岁男孩的言谈举止透露出胆小和畏缩的模样。我有时调侃她："你就不怕你儿子有心理阴影，跟着一个像母老虎一样的妈妈长大，以后连与异性交往的动力都没有了？"

我好像忘了介绍她们两位家庭的男主人了。

这么多年来，我见我女朋友们老公的次数是数得过来的。他们不是在忙着加班，就是在忙着应酬。正是因为他们的努力，我这两位女朋友的生活质量很不错。

可是，在参加聚会的时候，他们给我的感觉却并不好。尤其是晓依和女儿陷入战争的时候，晓依的老公就像一个透明人一样，自己吃着饭，连一句话都懒得讲。白澜呵斥儿子的时候，白澜的老公只是同情地看儿子一眼，依然无动于衷，半天不讲一句话。

趁男士们去抽烟的时候，我问我的女朋友们："你们的老公怎么一点儿都不关心你们啊？怎么不在你和孩子拌嘴的时候，当个裁判呢？"

女朋友们的回复几乎是一样的："他懂什么呀！""他从来没有带过孩子，他说话孩子肯定不听！""算了，他的工作很忙，哪家不是女人带孩子！""这年头怎么能指望男人？能把钱带回家就已经不错了！"

我对这样的声音一点儿都不陌生，这是很多家庭的生存状态。父亲在家庭中几乎处于隐形状态，这让孩子与父母形成新的三角关系，孩子与母亲纠缠，父亲主动或被动地从这个家庭分离出去。

很多人认为养家最重要，所以可以将其他的一切牺牲掉。时间久了，孩子的父亲在家里就成了透明人。对于孩子来说，父亲只剩下一个背影了。

父亲的功能是什么

个体心理学创始人阿德勒曾经研究过父亲在家庭中的功能。经过了这么多年的研究，心理学家们已对以下内容达成共识。

由于其生物基础的特殊性，父亲的首要功能是赚钱养家。远古时代，父亲从外面回家时，常常需要拎着肉。父亲能把肉带回家，这就是父亲最基础的生物功能，只有这样，才能保证这个家庭所有成员的生存。现在有些男人虽然赚到了钱，却在外面把钱花光了，也许在赌博或花天酒地，甚至回家问妻子要钱，或者把预留给孩子读书的钱花光。父亲首先要考虑的是，他能不能把孩子养大。

很多父亲认为，自己负责赚钱，陪伴孩子的事情就由母亲来完成。其实这是天大的误解。父亲和母亲在陪伴孩子这件事上，功能是不一样的，谁都不能代替对方。

我曾经看过一个关于婴儿的观察视频。一个 7~8 个月大的孩子趴在床上，面对母亲，母亲离他半米远，父亲在孩子身边不断地鼓励他爬向母亲。母亲每次都不忍心孩子爬得太累，自己在一步步地往前靠近孩子，以缩短距离。每当这个孩子快要爬到母亲面前时，父亲都把孩子抓了回来，让孩子重新爬。看完这个视频，我们女同学在讨论的时候，纷纷说："男人带孩子太不靠谱了！""你看就是不能让男人带孩子！"其实这是对父亲功能的误解。

爸爸妈妈都需要拿出充分的时间陪伴孩子成长，爸爸妈妈陪伴的区别在于，妈妈对孩子的陪伴主要体现在接纳、理解和疼爱等方面。从妈妈每一次迎接孩子，焦急地想靠近孩子的眼神中，孩子读出了妈妈对自己的爱。父亲往往和孩子处在同一个方向，都在向外界探索，并且会制造一些挫折，同时会陪伴孩子一起去承受挫折。

当孩子再长大一些时，父亲会带着孩子去做一些稍有危险性的游戏，父亲会稳稳地跟在孩子身后，看着他去探索这个世界。这个过程特别重要。孩子因为有了爸爸的陪伴，会更有力量探索世界，同时能清楚地知道探索的边界在哪里。在日常生活中，有些男生不愿走出去，天天宅在家里，或者大学生独自去闯无人区，都有可能是因为从小缺少一个有责任的父亲的陪伴。

这就是父亲的托举功能。

父亲还有一个功能，就是英雄的功能。我们在上小学前，常常觉得自己的父亲是个英雄。在自己弱小无力的时候，我们发现父亲能轻松地打开易拉罐、啤酒瓶盖，这让我们感到无比安全。女孩子长大了就想嫁给像爸爸这样勇敢的男人，男孩子长大了就想成为像爸爸这样孔武有力的人。如果妈妈在旁边来一句泄气的话：“爸爸有啥用？不就是有些傻劲嘛！”这对于父亲英雄形象的建立就会有不好的影响。我们当然希望自己的孩子长大后具有英雄的内核，勇于接受人生的挑战。孩子英雄内核的塑造从小到大都需要父亲的帮助，谁也替代不了。

我们现在天天讲拼爹，到底拼的是什么？其实拼爹最重要的内容就是父亲和孩子在一起，通过父亲的言传身教，将正确的人生观传递给孩子，让孩子具有探索能力，让他与外界沟通的心态更开放，有能力面对危险，同时知道边界在哪里。

以上这些都是父亲该给予孩子的品质。

有的父亲也许会说，现在只实现一个赚钱的功能就累得半死，如何实现其他的功能呢？

不能把家庭责任一刀切

按照传统的观点，和远古时代出门打猎回来带给孩子食物一样，我认识很多负责任的好男人，他们为了给老婆和孩子提供良好的物质生活，往往在事业上尽心尽力地拼搏，女人们也在非常努力尽责地做一个好母亲。家庭里的每个人都非常坚强，都承担着属于自己的责任。父亲承担着家庭的经济收入任务，母亲承担着对孩子的抚养和教育任务，孩子承担着学业任务，还要对母亲的情绪负责。在很多家庭中，每个家庭成员都在自己的职责范围内努力着，承受着过重的负担，几乎没有多余的力量去支持彼此，并成为彼此的负担源头。

在这样的家庭格局里，其实存在着各自角色认知的错位，以及夫妻俩对婚姻合作概念的模糊认知，体现出家庭责任的分配不公。

很多人想当然地认为一个人只需要承担一个职责就可以了，但实际上，每个人都身兼多个职责，每个职责在每个人身上的比重各不相同。

如果一个父亲把原来的三个功能缩减为一个，那么在这单个的功能上即便得了 100 分，他的总分也是不及格的，不及格的那两项就可能是家庭系统性危机的爆发源头。

有些男人变成了赚钱机器，并没有承担起丈夫和父亲的角色。也许由于沉重的经济负担，女人把男人作为丈夫和父亲的角色忽略了。有些男人认为丈夫和父亲的角色只会让他们更累，所以总是让自己处于远离家庭的状态。但越是这样，他们就越有可能失去来自家庭有力的支持。如果男人把所有的经济压力都扛在自己一个人的肩上，从来不帮助太太分担照顾孩子的责任，当他心情不好时，想跟太太抱怨一下，太太就有可能回一句：“你叫什么累啊，我一天到晚又上班又带孩子，我不累啊！”就给怼了回去。怨谁呢？

每一位家庭成员都有苦衷。其实家庭中出现的问题并不是出在某一个家庭成员身上，而是在于彼此之间的互动模式无法给予对方支持，甚至成了彼此的负担。如果家庭成员不懂得共同分担，不懂得互相支持，万一有一个支点出了问题，就会对整个家庭系统产生灭顶之灾。

父亲是孩子成长发展的支撑，只有给予孩子有力的陪伴，才能让孩子走得更远。同时，家是一个系统，孩子最初从父母身上学会了如何与人合作。母亲让父亲参与陪伴孩子，父亲主动积极地加入家庭生活中，才不会让任何一个家庭成员成为家庭问题的替罪羊。

香港作家梁凤仪说："恐惧时，父亲是一块踏脚的石；黑暗时，父亲是一盏照明的灯；枯竭时，父亲是一湾生命之水；努力时，父亲是精神上的支柱；成功时，父亲又是鼓励和警钟。"

我愿你是这样的父亲。

从现在开始。

爸爸带领孩子怎么去，比去哪儿更重要

热门节目《爸爸去哪儿》又开始了新一轮的热播，在第一集里，各位爸爸各显神通，带领着各自的宝贝挑战各种任务。每位父亲都很尽心，孩子们很真实地展现出自己的感受和情绪。坐在电视屏幕前的父母们在看节目时，如同在照镜子，心想："哎呀，当我的孩子出现这种情况时，我应该怎么做呢？"

我想从几个角度来谈一谈，在不同的情境下，父亲与孩子恰当沟通的方法是什么。

在片中一开始，杜江的儿子嗯哼就遇到了他的第一个难题：心爱的玩具被节目组收走了。嗯哼的表现是一开始拒绝，然后发脾气，最后难以承受地痛哭。杜江在安慰儿子的整个过程中，情绪比较稳定，并没有因为孩子发脾气耽误整个团队的行程而生气。在面对孩子的情绪时，父母如果能够保持情绪稳定，就能向孩子传达一种接纳的态度，杜江就做得非常好。即便家长接纳了孩子的情绪，孩子的行为也必须受到限制。如果嗯哼无底线地撒泼，节目就无法继续。

这就是对父母的考验，在孩子因愿望得不到满足而发脾气的时候，如何让孩子尽快从情绪中抽离，并满足孩子的愿望呢？

如何让孩子尽快从情绪中抽离，并满足孩子的愿望

全神贯注地倾听孩子

首先，父母要全神贯注地倾听孩子。父母和孩子面对面、眼对眼，看着孩子的脸，倾听他说的每句话。如果父母能真正地倾听孩子的话，孩子就能比较容易地表达出他们面临的困境。有时候，我们只需要给予“嗯”“哦”“是这样啊”的回应，孩子就会整理自己的思绪，自己找到处理方法和下一步的行动方案。当孩子发脾气时，父母如果只是嘴上说在听，其实心不在焉，或者急于打断孩子，就会让孩子感到气馁。

说出孩子的感受，不要否定孩子的感受

其次，父母要说出孩子的感受，不要否定孩子的感受。当时嗯哼说：“我生气了。”爸爸回应道：“不要生气。”这其实是我们在生活中常说的话。父母之所以要这样说，是因为希望急于让孩子摆脱不好的感受。但不管父母的态度有多好，孩子都有可能更难过。父母之所以不敢复述孩子的感受，是因为担心说出孩子的感受会让孩子更难过。其实恰恰相反，当听到你说“哦，你生气了”“你如果拿着玩具就会很开心”“暂时失去玩具是挺难过的”这样的话时，孩子就会感到安慰，会觉得有人能理解自己内心的感受。

孩子出现负性情绪并不可怕，可怕的是这些情绪长期不被父母接纳，时间久了，就可能形成创伤，对孩子的成长不利。

用幻想的方式实现他们的愿望，不需要进行过多的解释

最后，父母可以用幻想的方式实现他们的愿望，不需要进行过多的解释。我们经常看到这样的场景，在商场里，孩子想买某种商

品，父母无法满足孩子，孩子就满地撒泼打滚。当孩子想要一种父母无法提供的东西时，父母往往会给孩子解释为什么没有，为什么不能买，但结果往往是父母越解释，孩子越不听。如果孩子对某种东西的渴望心情得到了父母的理解，孩子就比较容易接受现实。

很多父母担心，一味地接纳孩子的感受，会不会让孩子觉得他自己做什么都是对的，会不会让自己变成溺爱孩子的家长。其实并非如此，父母只有充分接纳孩子的感受，才能和孩子谈界限。父母可以在充分接纳孩子的感受后告诉孩子，什么事是可以做的，什么事是不可以做的。如果父母没有接纳孩子的感受，出于潜意识的报复，孩子往往就不会遵从父母设置的界限。

接下来，嗯哼又出现了第二次哭泣，因为住在了一间不如意的房子里，嗯哼提出想回家，但被父亲拒绝了。在生活中，当遇到孩子不合作时，我们应该怎么办呢？读到这里，您也许已经知道，接纳孩子的感受是很重要的，就像片中的嗯哼，一开始他只是向父亲提出他想回家，被爸爸拒绝后才开始哭泣。杜江开始向嗯哼讲道理的时候，嗯哼主动向父亲确认："爸爸，你也不喜欢这个房子，对不对？"此时，孩子其实需要的只是父亲对感受的确认。

当孩子表现出不配合时，父母该怎么做

首先，描述你所看到的问题，而不是直接指责孩子。"我看到这个房子有些特别，和我们平时住的不太一样。"你如果只是描述问题，就可以把精力集中在问题本身，而不是集中在抵触情绪上。

其次，给孩子提示，而不是谴责。"从这里回家的船要两天后

才开。”“我们每天都要在外面完成任务，只有睡觉的时候才在这间房子里。”当父母给出了提示后，孩子往往就知道该怎么做了。

最后，说出你的感受。孩子愿意听到父母真实的想法和感受。父母通过表达自己的感受，让孩子感受到自己诚恳的态度，哪怕你现在的感受是愤怒，孩子也不会害怕跟一个可以表达自己愤怒的人合作。在这一点上，我们可以看到，不仅嗯哼在引导父亲表达自己的感受，陈小春的儿子陈胤捷也会用主动的方式劝导正在发脾气的父亲：“你能不生气了吗？”陈小春接下来的道歉代表他承认了自己的情绪，儿子就会顺水推舟地继续合作了。

我们看到片中有个小任务，每个孩子在就餐时都被要求去村长那儿拿东西，这是一项要求孩子们独立完成的任务。当陈小春的儿子把自己挑中的沉甸甸的锅具交给父亲时，陈小春的回应是：“哇，你取回了什么？哇，干得好！”这是很多父母对孩子行为表达赞赏的惯用套路。

只是，在赞赏这件事上，父母可以做得更多些。我曾经遇到一位求助的母亲，她说不管她怎么夸孩子，孩子都不领情。他们之间的对话基本是这样的：

“哇，你画得真好看！”

“怎么好看了？”

“就是很美啊，太漂亮了！”

“得了吧，你根本就不喜欢！”

有时候，父母越是大加赞赏，孩子就越不领情。这是因为当父母说出评价式用语时，孩子可能并没有感受到父母对他行为的看见和认可，却感觉到了父母高高在上的评判。有益的赞赏一般包括以下两方面：

1. 用赞赏的语气描述你所看到的和所感受到的。

2. 孩子听到这样的赞赏后，能够赞赏自己。

“哇，你画得真好啊。我看到你先画了这个点，再画了这条线，又画了一个圈，又画了一条曲线。”

听到这里，孩子会感受到他的付出被你看见了。

你如果在这时再加上一个提问就更棒了。

“你是怎么想到要这么画的呢？”

接下来，孩子就会绘声绘色地讲解他的绘画过程，这就是一个自我欣赏的过程。这个过程不但能让他更自信，也能让他知道他的什么行为是被父母欣赏的，从而继续强化这些行为。

在我的眼里，那些能够带着孩子去探索世界的爸爸都是足够好的爸爸。在人生的旅途中，孩子跟自己的父母去哪儿其实并不是那么重要，重要的是父母和孩子是怎么去的，路上发生了什么，感受如何。如果父母愿意花时间倾听孩子的感受，让孩子说出自己的感受，赞赏孩子的行为，一起去寻求解决问题的方法，那么这就是在亲子旅途中最珍贵的礼物。

父母都是普通人，都有成长和改变的空间。在陪伴孩子的过程中，父母的确需要花费时间和精力，在付出爱心和智慧的过程中，获得了更多的成长机会。父母只要愿意俯下身进入孩子的世界，就会有更多的收获。

你就是孩子最好的母亲！

有人说，职场妈妈要上班，不能全天候陪伴孩子，是对孩子有亏欠的。事实上，这确实是令人无奈的普遍现象。哪个妈妈不想多陪陪孩子？只是随着近几年心理学的普及，越来越多的妈妈认识到，父母的疏忽给自己的成长带来的负面影响有可能传递到自己的孩子身上，于是妈妈新的焦虑便产生了。

我们明白了我们是如何从过去走到今天的，了解了过去的价值是让我们更好地面对未来。一个人如果学了心理学以后，反而活在自责和愧疚中，那么一定是陷入了误区。

父母都知道孩子需要陪伴，但现实是父母得上班赚钱、养家供房、买尿布，在这样的现实面前，难道还要心心念念地想着全职带孩子吗？难道妈妈全天候 24 小时陪伴真的对孩子好吗？难道不能全职陪伴孩子就会给孩子造成创伤吗？身为人母，妈妈要做到什么地步才算够呢？

我有一个女朋友，她刚生完孩子，经历了几个月的抑郁期，康复后的某一天，她听完一节育儿课后马上来找我，很紧张地问我她的孩子会不会有问题。因为在她抑郁的那段时间，孩子基本上只有吃奶时才被送到她身边，别的时间都由她婆婆和亲妈照顾。我理解她的紧张心情，我告诉她，孩子如果出生后一直在妈妈身边，肌肤相亲，还能闻到彼此的气味，那么自然是最好的。但对于一个婴儿来说，在刚出生三个月内，他并没有能力区别自己和外在世界，他在饿了或者拉了的时候只用哭就行了，反正会有一个不知道什么样的人来无限地满足他，更无法区分这个人是妈妈还是别人。也就是说，在这段时间里，妈妈喂奶、换尿布、照护的功能远远比“妈妈”这个人更重要。这段时期，他只要觉得舒服了，就会觉得这个世界是安全的，环境是值得信任的。

我的这位朋友的这些活，都已经被婆婆和亲妈接手了。如果她在情绪还不够稳定的时候照顾孩子，孩子就有可能在那些“喂奶、换尿布、照护”的程序中得不到及时的回应，那样才不利于孩子的心理成长。

当孩子再长大一些时，妈妈可以看到孩子逐渐会翻身、会爬、会走路，孩子成长的每一步其实都具有重要的意义，孩子的人生就是和母亲不断分离的过程。

一开始，孩子的世界里只有妈妈，他逐渐发现“咦，这里还经常有一个男人”“哇，除了这个男人之外还有这么多人”。在这样不断发现的过程中，母亲与孩子建立起来的稳定关系就延伸到了父亲身上。一位母亲如果不喜欢孩子的父亲，就会阻止这种关系的转移，霸占着自己的孩子，孩子就很难与父亲建立良好的关系。之后，孩子与父母的关系还会延伸到家庭以外更多的关系中，比如更多的亲戚、别人家的孩子、老师和同学们等。随着时间的推移，母亲的任务是让孩子能够顺利地与自己分离，并且让孩子将与妈妈之间的安全感延伸到整个社会。

做全职妈妈当然不错，但有些全职妈妈是以照顾孩子为借口来逃避自己无法适应社会的现实，还有些妈妈在孩子已经七八岁时依然和孩子睡在一起，不愿面对与孩子父亲的婚姻问题。

职业女性难免会有现实的压力，当出现压力时，我们难免会在孩子顽皮的时候克制不住火气怒吼几句。这样做会不会给孩子带来创伤呢？心理学家温尼科特提出一个理论，叫作“足够好的母亲”，不是最好，也不是勉强好，而是足够好。足够好的标准是什么呢？

他说：“60 分就行了！”

为什么这样说呢？足够好意味着妈妈不但要对孩子表达爱，也要恰当地向孩子表达恨、烦或不满意。孩子往往并不怕妈妈发火，这是因为妈妈的感受是真实的，并且在发火后能跟孩子聊感受、讲道理。如果妈妈受不了自己在孩子面前表现出真实的一面，或者因为愧疚而压抑自己，那么她的这份小心翼翼会让孩子也变得非常小心翼翼。孩子成年后，他和妈妈可能真的变成一对“相敬如宾”的母子，这样的关系多可怕！孩子会自然地将这种关系模式复制到更大的人际圈子里，比如同学、同事和自己的亲密伴侣等。

作为职业女性，妈妈最好在固定的时间出现在孩子面前。妈妈如果每天下班的时间不太固定，就不要让孩子有在固定的时间见到妈妈的期待，也不要轻易对孩子承诺会在几点几分出现。如果妈妈告诉孩子晚上六点钟就能见到妈妈，孩子就会边数着分钟边等妈妈，如果妈妈六点之后还没出现，那么超过六点的每一分钟，都在增加孩子的焦虑。另外，当孩子年龄很小时，职场妈妈在下班后陪伴孩子时应尽量保持一种稳定的状态。如果妈妈一会儿染个红头发，一会儿敷个面膜，对于小婴儿来说，这完全是另外一个人，他肯定就会用哭泣来表达对换妈妈的不满了。

也许全职妈妈难免会出现一些失误，有可能是因为外在的约束太多，并不能说所有的失误都是全职妈妈的错。社会没有为妈妈提供上岗培训，每个妈妈并不是天生知道该如何培育孩子。也许妈妈的婚姻生活不尽如人意，有时很难控制自己的情绪。也许妈妈非常劳累，身体状况不太好，无法为孩子提供从头到脚的全面呵护。这样的成长经历真的会给孩子带来问题吗？

当然不一定。孩子的经历并不一定能决定他日后成为什么样的人，只有那些从经历中得出的经验对孩子才有指导作用。一个人的性格并不是由单一特定的因素造成的，孩子可以通过自己的经历去实现某一个目标，正是这些经历让他们形成了自己的人生观。

母亲能给予孩子的就是看待这些经历的态度。

当一件事情发生后，如果妈妈刻意放大这件事情的负面效应，孩子就容易形成消极的思维，而且容易在固定的问题上打转。

妈妈正确的做法是在了解孩子感受的基础上，让孩子接受现实，并看到现实的积极意义。

妈妈可以这样说："妈妈知道宝宝想要妈妈陪伴，妈妈要上班赚钱，就不能全天陪着你，不过妈妈一定会想着你，会在下班第一时间见到你。感谢宝宝支持妈妈去上班。"

妈妈要向孩子传递的是爱和感激，而不是满满的歉意。孩子太小，他承受不起妈妈的歉意。

其实，妈妈在孩子面前每一次自信满满的转身，每一个兴高采烈地投入职场的背影，对于孩子来说，都是非常重要的。

给了孩子希望，也就给了孩子看世界的格局

别浇灭孩子萌发的希望

一部泰国的短片吸引了我的注意，短片中的小女孩平时一直陪妈妈在菜市场卖菜，由于隔壁铺子的豆芽卖得好，小女孩因此问妈妈："我们可以种豆芽吗？"妈妈回答："我们试试。"由于缺乏种植的经验，在第一次试水后，豆芽全部枯死，即使如此，妈妈仍然满脸笑意地说："没关系，我们再试试。"于是，妈妈找来了种植豆芽的书，按照书中的方法跟女儿再次尝试，结果还是失败了。当她们积极研究问题，再次尝试时，小女孩又担心地问："我们会成功吗？"妈妈仍然微笑着回答："我们试试！"

豆芽终于长了出来，母女俩兴奋不已。更重要的是，这个小女孩长大后，成功地获得了奖学金，目前在瑞典从事科技研究工作。

当看完这个视频后，我不禁感慨，对于孩子来说，父母的言传身教何其重要。这位妈妈如果经常对孩子不耐烦，或者经常感到自己的人生没有希望，就可能从一开始连女儿种豆芽的提议都不会去采纳。如果这位妈妈只任由女儿自己去探索，不给予鼓励和支持，

也许这么小的孩子就可能因为经受不起失败而早早放弃这个实验。

“我们试试”这简单的四个字，打开了女儿通向未来的希望，提供了离自己的梦想更近一点儿的可能性。妈妈和女儿共同培育豆芽的过程，可以让女儿有足够的安全感，由于这份笃定，她才有勇气走出家门，去探索外面的世界。

父母对孩子希望的态度就是孩子最大的底气

前不久，我去看望因学习心理学而结缘的同学，那是在她产后三个月的时候。

我看到她初为人母的喜悦和与宝宝温馨的互动，我那颗担心她产后抑郁的心放了下来。

两年前我和这个同学相识，由于课程练习的需要，她跟我分享了很多过去的事情。她一直感觉活得很拘束，无论自己如何努力，都感觉那不是自己。当追忆童年时，她提到自己印象最深的事就是小时候很喜欢去摸插座。好像是在她刚学会走路不久，她的父母和很多其他的父母一样，一看到她的这个行为就如临大敌，总是以恐吓、威胁的方式勒令她中止探索行为。最让她记忆深刻的一次是，她不知道为什么，有一次她拉着妈妈的手去触摸插座孔。她的妈妈把她推开，大声责骂道：“这孩子太有心机了！你想害死妈妈啊！”从那以后，这件事就一直被她妈妈挂在嘴边，说：“你这个孩子从小就不是省油的灯，从小就不孝顺！”

我同学在那次课程中回想起了她父母数落她最多的话就是：“这孩子胆子太小了，什么都不敢做。”她一直畏首畏尾地生活了很多年，直到遇到了她那自信满满的大学男友，也就是她未来的先生。

她说她永远记得第一次去她男友家做客时的情形。当时她满脑子只想着小区门口的两家超市里哪家的水果更便宜，她的男友和妹妹与他们的父母聊的却是准备做一个什么样的项目，可以从哪些渠道为项目融资，以后如何分工，如何整合现有的资源。她男友的父母完全没觉得一个大学生和一个高中生的想法有多么可笑，反而一个劲儿地和两个孩子一起筑梦，很认真地探讨以后在哪些方面父母能提供支持，在哪些方面需要他们独立奋斗。她说就在那一刻，她才意识到，父母对待孩子的不同态度给她和她的先生的内在产生了多么不同的影响。

之后，她的先生虽然经历过创业的失败，但在中年时渐渐稳定，如今衣食富足，生活自在。更重要的是，她在她先生稳定而成熟的人格滋养下，慢慢地挣脱了自我的桎梏，活出了自己。孩子的出生不但没有激活她的创伤，反而让她经历了一次疗愈。

自从孩子降生后，父母的态度就一直在影响着孩子的成长。同学妈妈的态度是：女儿拉着她的手摸电门，这是要害她！于是她看自己的女儿做什么都是错的。女儿在父母这样的眼光下长大，什么都不敢尝试，因为对她来说，如果敢在妈妈允许范围以外的世界探索就意味着对妈妈的背叛！很多爸爸的态度常常是：孩子的想法挺有意思，咱们一起来讨论讨论。如果父母用一种开放式的态度和儿女沟通，孩子从小就可以童言无忌，海阔天空，并在父母的支持下一次次获得自己的人生经验，孩子的世界就会变得越来越大。

我们每个人其实都是通过认识这个世界来认识自己的，父母就是最初帮助孩子认识这个世界的人。孩子如果从父母的话语中得到的是允许，就敢再一次往前迈一步。孩子如果在父母的眼神里看到的是恐惧，往往就会躲在他们的身后。孩子如果从父母的态度里看到的是不满，往往就学会了看不惯整个世界。

我曾经接待过这样的父母，在孩子小的时候，他们以为他们是孩子理想的父母，尽量给予孩子优越的物质生活，但在孩子跌倒的时候，就急着把他扶起来，或者在孩子跌倒后还没有哭出来的时候，就大惊小怪地替孩子叫着“哎哟，痛死了”。他们不给孩子留足够的自我空间，剥夺了孩子探索和试错的机会。孩子长大后就开始啃老、占父母的房，而且在情感上和父母非常疏远。在这些孩子的潜意识里，就是以一种“你不曾给我，我也不会给你”的想法来进行报复。

作为父母的我们，应该给孩子提供怎样的格局？

孩子在父母的陪伴下获得的探索经验，会让孩子很有底气地去面对任何陌生的环境，孩子逐渐积累了与人合作的经验，从而提高了在社会上成功的概率。因为孩子在每一次尝试中，都会有一个非常安全的潜意识在运作：试一下，也许我看到的世界就会不一样。这个潜意识源于他在原生家庭中培养起来的自信。孩子一次次成功的经验，不断地被复制到外部世界，孩子就是靠着父母给的底气不断地复制自己的成功经验，自己的格局才越来越大。

也许我们并没有拥有像我同学先生那样的原生家庭，但已经作为父母的我们，可以实实在在地为我们的下一代提供更大的格局。我们可以借由孩子的眼光去重新看待这个世界，保护好孩子的好奇心，让孩子尽情地探索外界事物。

1. 在平时的生活中，小心呵护孩子的好奇心。孩子只有有了希望，才会有成长的目标，才能持续学习人生的各种功课，而不是总认为自己的未来什么都不可能实现。

2. 跟孩子对话时，多问几句："为什么？"也许孩子会给你一个出人意料的答案。孩子的世界无比单纯，不要用我们成人的思维模式去猜测孩子的想法。我同学的妈妈如果能明白她的女儿只是想借妈妈的手去探索世界，知道这一切只是出于好奇，而不是出于什么害人的想法，还会用那些话一直打压女儿吗？

3. 父母要多陪伴孩子去看看这个世界，要允许孩子以他自己的视角来看待这个世界，不要急着说出自己的想法，也许孩子的视角会给你带来无限的惊奇。

路金波说过："千万不要给你的孩子只塑造一个世俗的、眼下的、渺小的世界，要从小给他看星空、海洋、恐龙、神话、圣贤。这样，等他长大的时候，他就有足够的胸怀容忍各种无趣的生活。"

父母能陪着孩子走得远，孩子才有力量走得更远。

孩子的营养究竟来自哪里?

我和我先生终生都不会忘记曾经在某家料理店里遇到的那对母女。

那天傍晚，我们俩在惬意地品尝眼前的美食，不经意中发现相隔几张桌子处有一对母女。妈妈三十出头，身材瘦削，面色暗黄，眼神涣散，烫了一头与她身材不相称的卷发。女儿十岁左右，看上去有些臃肿。我从侧面望过去，除了脸颊的肉以外，几乎看不到她的鼻子和嘴。当然，吸引我注意的并不只是这些。

落座后，妈妈对着菜单点了一通，女儿只是一言不发地坐着。菜上齐后，女儿开始闷头吃饭，妈妈坐在了女儿的侧面，自己若有若无地吃了几口，两眼一直盯着女儿有没有把眼前的几样菜都吃下去。接下来，妈妈对着女儿提高嗓门，先数落她吃饭掉米，又教训她不认真学习。

不一会儿，我就听见她女儿呕吐的声音，女儿将自己吃进去的饭菜吐到了盘子里。这一刻，我的鸡皮疙瘩都竖了起来。饭店老板赶忙走到她们母女面前，一边收拾女儿面前的“残局”，一边劝妈妈。由于外人的介入，妈妈渐渐平静下来，但还在不断地劝女儿多吃饭。

“她明显吃不下了，你不要再劝她吃了！”饭店老板开始着急了。

“不行呀！你看她考得这么差，营养一定要保证呀！”

“我以前同事的儿子就是因为挑食，现在头大身体小，上课都没精力了。”

“我现在不上班了，天天这样盯着她吃饭，她还是这样虚胖，营养一定要均衡呀！”

妈妈回答得理直气壮。

我已经忘记那对母女是如何结束那顿饭的，反正那家饭店我再也没去过。我不想过多猜测那对母女的家庭情况、相处模式、女儿在学校的种种际遇等，也不想分析女儿的成长路径。其实让我印象最深的是她妈妈的那句话：“我要保证她的营养！”

对一个孩子来说，她的成长所需要的营养究竟是什么呢？现在很多孩子吃得太多、太好，甚至导致消化不良，父母在物质层面显然已经给予了孩子太多太多。在谈到孩子的营养时，很多父母还在习惯考虑该吃什么，不该吃什么，或者要吃什么保健品，甚至要吃什么药。其实父母不仅给予了孩子过于丰厚的物质条件，也给予了孩子过度聒噪的精神环境。从这一点上来说，很多父母并没有给予孩子真正的营养。前一阵，我收到友人赠送的一本书，是著名的中医李辛老师所著的《儿童健康讲记》。我只是阅读了几页，便明白了为什么很多人也在自己的微博上推荐此书。这本书告诉我们什么才是真正的营养。

对孩子的成长来说，父母的陪伴非常重要，究竟怎样的陪伴才是正确的呢？是父母坐在孩子身边，和孩子一起吃饭聊天，陪孩子写作业，就够了吗？还是在一起交流，这样就够了吗？

这当然不够。李辛老师从中医的角度告诉我们，有效的陪伴需要建立在父母精神能量充足的基础上。

为什么父母精神能量充足对孩子这么重要?

成人是由意识主导的，孩子是由心灵主导的。如果孩子周围的人的心不在孩子这里，父母也好，老师也好，小伙伴也好，虽然天天在一起，但孩子的内心需求并没有得到真正的满足，孩子就可能产生一种内心的匮乏感。这种匮乏感会表现在方方面面，比如体质不良、容易感冒、怕黑、不愿意一个人睡觉、非常依赖妈妈、害怕周围的环境等。这些现代医学的症状、中医学的症状或者心理学的症状的最终原因是能量缺失的结果。这个能量来自哪里呢？父母需要先检查一下自己在跟孩子相处时，是不是只剩下了一格电，是不是上班的时候已经把电耗光了，回到家后即使和孩子待在一起，也已经没有电力了。

孩子是非常敏感的，当父母在陪伴孩子时，如果孩子感受不到父母的能量，感觉到父母并没有真正地和自己在一起，父母只是在玩手机，或者心不在焉，或者虽然在关注孩子，但是有掩饰不住的疲劳，那么孩子的内心就会产生不被爱的感觉。孩子如果长期处在爱的匮乏中，就只能用身体来提醒父母，让父母去注意他，比如要么是瘦了，要么是胖了，要么就是病了。

现代人非常注重营养均衡，在与孩子相处时，父母应该给予孩子什么样的精神营养呢？一个生命的健康成长，除了均衡的营养、干净的空气、健康的环境以外，还需要一个重要的因素，就是与父母精神的联结。越小的孩子，在个人意识还没有成形前，跟父母的关系联结越紧密。父母的精力越充沛，孩子感受到的能量就越强，对孩子的成长就越有利，就好像父母是孩子的充电器一样。但问题是很多父母感受不到自己“电力不足”了。父母不仅需要在陪伴孩子的过程中“电力满满”，而且需要具有丰富的感受力，可以感受到自己是否“电力满满”。也许只有“电力满满”的人，才会有丰富的感受力，只有以感受的模式和这个世界交流的人，才可能拥有生命力。

为什么感受力如此重要？

当一件事情发生后，一个人的第一反应和决定往往是最佳方案。当精力不够时，人就如同电脑内存不够，程序混乱，出现很多垃圾文件，电压不够稳定，等等，面对难以处理的问题，就需要慢慢思考分析，这就是第二等答案；翻阅百科全书、上网搜索各家观点，这就是第三等答案；大家坐在一起进行头脑风暴，这就是第四等答案。我们每天都在找问题的答案，很多时候都面临着选择，都需要做决定。比如中午是吃盖浇饭还是牛肉面，是选择这个男人还是等下一个，从琐事到大事，表面上看似不同，但背后的力量其实是一样的。

这个力量的基础就是敏锐的感受力。

现在我们明白了父母的精力充沛对孩子成长的重要性，敏锐的感受力可以让人保持精力充沛。父母究竟应该如何做，才能给自己充电，继而给孩子充足的精神电能呢？

第一，让自己处于“对的”能量场。一般来说，感受力强的人能够觉察到，有时我们的思想、欲望、情绪和感受不一定是我们自己的。因为我们处于一个共同的环境中，所以当我们在莫名其妙地生气时，并不一定是我们在生气，可能是我们周围的环境、人传递过来的情绪，我们只是把它抓住了，以为它是属于自己的情绪，然后启动自己的模式来应对。

我们成人是用意识处理问题的，意识无法觉察从外界传来的那部分信息，只是简单地把它收下，然后认定它是自己的，所以我们先得让自己的内心能够觉察到，这样才能让自己平静下来，也就是澄清一下自己，然后才能够发现这种愤怒其实不是自己的，这种欲望也不是自己的，自己只是被卷了进去而已。这就像无线上网，病毒会通过网络自动地被我们下载到自己的身上，我们如果没有安装防毒软件，当然就会中招了。父母更需要每天检查自己带了多少病毒回家去传染给孩子。

生活中的每一个片段、每一件事情都会对我们的身心和思想产生影响，但我们对这个片段、这件事的反应是可以由自己控制的，有效地辨识出并不属于自己的情绪，并将其隔离，就像是给自己安装了防毒软件。

第二，培养自己的觉察力。培养觉察力的方法有很多种，生活中最普通的方法是每天静坐，短短 10 分钟就可以了。静坐时即使有念头飞来飞去，也不必刻意地干扰它，只是看着念头自然地来去。或者站在大自然中，逐渐将眼神从眼前的花草向远方散去，随着视野的扩散，慢慢地找到相对放松、安静、清晰、自然的状态。我们如果每天能留意一下自己，就能够把散乱在外的能量收回。如同需要将家里的物品归位一样，我们也需要将精神归位，觉察力就会在这一次次归位中变得敏锐了，我们自然就能觉察出属于自己和不属于自己的情绪，也能觉察出自己的精力是否充沛。

第三，多多练习身体接触。每个人都具有抗压能力，但持续的压力会导致麻木。不管生命中的哪一个层面被压抑住，都会产生一些多余的能量，会使得我们爱的时候过于爱，恨的时候过于恨。我们学了精神分析之后就会觉得所有的问题都来自原生家庭。如果我们每天都在咬牙坚持中较劲，身体就容易生病。如果一个人在面对别人想要拥抱他时，总是拒绝或逃避，成年人就会以为这个人不需要拥抱。孩子如果面对这样的父母，往往就感受不到爱。

一个人如果能多和自己的身体感受联结，那么当然是最好的了，如果已经处于麻木的状态，那么可以先从练习身体接触开始，慢慢将感受找回来。最直接的方式就是多去主动地拥抱家人，拥抱自己的孩子。

第四，示弱可以有效地帮助孩子成长。生活的压力让很多女性变得越来越刚强坚硬，这种刚强坚硬的确可以让女性坚持下去，但会将一些本来可以滋养自己的东西流失了。我们总是认为自己已经很好了，但如果把那些刚强坚硬弱化一点儿，就可能会更好些。如果我们把自己放低一点儿，学会示弱，自然就会有更多的人愿意帮助我们、滋养我们。这些可以滋养我们的东西也许并不需要我们多努力或花多少钱，只需要接受就行了。

有的母亲认为，自己不能变弱，只有刚强坚硬才能照顾孩子。实际上，如果母亲变得柔弱一些，孩子的问题就有可能得到解决，孩子就有可能强大起来。然后我们会发现，我们希望他发展的那部分已经成长起来了。

孩子会在母亲精力充沛的长期陪伴下，得到足够的爱的滋养，从而敢于真实地表达自己的想法和感受。一旦他把自己的想法和感受真实自然地表达出来，就会与周围的人产生更好的联结，他自己的能量就能流动起来。这样一来，不但他的身体健康无忧，而且他有精力去面对外在的世界。所谓的能量、经络、情感、身体健康，其实只是同一种东西在不同层面的显现。

父母能做的就是，为孩子提供一个健康的环境，这个环境的健康与否取决于父母自己状态的好坏。你如果不是被精神饱满的父母滋养过的孩子，那么为了自己的孩子，从现在开始练习吧。

孩子只不过是婚姻问题的替罪羊

父母把处在青春期的女儿送到我这里来做咨询，因为女儿经常与母亲发生冲突，并且多次离家出走，彻夜不归。女儿和母亲在第一次咨询时就爆发了争吵，女儿控诉自己在家中没有属于自己的空间，总是因为自己的房间而被母亲批评。母亲好像总是把精力过度地投入到女儿身上，对女儿挑刺指责。父亲显得尤为冷静，仿佛母女间的战争与他无关，只是一味地站在母亲的立场上表达对女儿种种叛逆行为的担忧。

一个叛逆的问题孩子，一个为孩子操心的、无助的母亲，一个冷静理性的父亲，这样的家庭配置是很多亲子咨询的典范，也是美国心理治疗师奥古斯都和卡尔所著的畅销书《热锅上的家庭》中的开篇情况。仅仅在经历几个回合的对话后，这一家人真正的问题便显露了出来。

父母双方都在咨询师面前大谈特谈为人父母人性的一面，这让咨询师注意到他们过度地沉寂在自己的角色里，当被要求谈及自己的感受时，他们都避而不谈。当咨询师很自然地提及父母之间的关系时，他们两个人显得稍微紧张，又将话题扯回到了女儿身上。显然父母很怕触及自己的婚姻真相，而且女儿的青春期成长问题遮盖住了这个婚姻的真相，这样父母就可以很默契地把注意力集中在女儿身上，不用去面对自己的痛苦。

真正的痛苦是什么呢？在婚姻开始时，夫妻二人共同协作，相互依赖，但好景不长，最初的热情被各种错综复杂的因素冷却。在两个人的磨合战争中，双方重复着各自在原生家庭习得的模式，于是争吵升级，渐行渐远。信任在彼此的争吵中消磨殆尽，两个人惧怕亲密，互相远离，于是各自找到替代品，父亲忙于工作，母亲过度关心孩子和她自己的母亲。经过几次治疗后，如果只针对母亲和女儿的问题进行处理，女儿的情况就会得到缓解，但女儿曾经出现的症状又会出现在她的弟弟身上。因此，从根本上说，孩子其实是父母婚姻问题的替罪羊。

随着了解的深入，我发现，其实不管在哪个国家，从人性的角度看，家庭出现的问题都没有太大差异。每个家庭的问题都是在日积月累中形成的。家庭成员在潜意识里都希望问题得到改善，于是，总是需要某个家庭成员来充当“病人”的角色，这个病人就成了家庭问题的替罪羊。同时，病人由于意识到自己的病在某种程度上有可能缓和家庭的问题，甚至避免整个家庭走向破裂，因此会“配合”家庭其他成员参与这样的演出。这样的情况在我们的身边比比皆是。比如，一个孩子经常出现小毛病，很有可能是因为孩子用“得病”的形式来引起父母双方共同的注意，因为只有在他生病的时刻，家里才会有温暖的感觉。一个过了儿童期的孩子之所以不愿意与母亲分床，是因为他想用自己这种不懂事的方式去温暖没有父亲疼爱的母亲。

这是家庭中常见的现象，当婚姻出现问题时，创造一个三角关系就是常见的处理方式。当家中某两个人的关系出现紧张的时候，其中一方或双方会把注意力投向第三者，第三者则会参与到前两者的问题中，来缓解两个人之间的压力和紧张。这就是家庭治疗大师莫瑞·鲍恩(Murray Bowen)所提出的家庭三角关系(Family Triangulation)，即通过第三者的介入来转移两个人之间的冲突。产生于压力情境下的三角关系，其初始的动力是源于缓解两个人的紧张关系，所以三角关系的本身就充满了张力。一个对丈夫不满的妻子可能把更多的时间花在孩子身上，或者可能开始对孩子抱怨丈夫。孩子对其中一个人的焦虑或者两个人的冲突比较敏感，出于拯救家庭的愿望，就会把自己投入到这个两人关系中，从而形成一个三角关系，孩子试图提供安慰和建议，以便降低冲突的级别。

父母如果无法解决自身的婚姻问题，或者沟通不良，就可能把关注点从自身转移到孩子身上，过多地关注孩子的消极面，或者发生亲子冲突，这又会强化孩子的某些不良行为。父母只有这样做，才能从自身婚姻系统的紧张状态中成功地逃离出去，孩子就成了家庭问题的“替罪羊”。为了避免父母的婚姻冲突，孩子的幸福就被牺牲掉了。

在“男主外，女主内”的传统观念下，工作占去了父亲大部分的精力，这样会影响父亲对母亲和孩子的情感投注。母亲则把大部分注意力放在孩子身上，这样可以缓解丈夫对自己关注不够所带来的压力，但容易让孩子形成对母亲的依赖，缺乏独立性。这种情况在当下层出不穷的“妈宝男”身上就可以见到。同时，母亲和孩子的联结越强，父亲和家庭就越疏离。父亲如果感受不到母亲和孩子对自己的重视和需要，甚至感到被排斥、被拒绝，就有可能做出离开这个家庭的选择，从而导致婚外情或者家庭破裂。

如果母亲过于强势，总是霸占着孩子，把父亲推远，或者经常打断父亲的话，对父亲的观点加以否定，在语言中以“他”来相称，仿佛父亲在这个家庭中不重要或不存在，那么孩子往往对父亲也不尊重。家庭中的每一种动力都是在互动中形成的，在这些强势的女性焦虑的外表下，是一颗缺少爱、需要爱的心。她们渴望丈夫的爱，却不能得到，或者丈夫不能满足她们的期待，所以她们便把一颗失落的心完全投注到孩子身上，孩子成了她们生活中唯一的精神支柱。

由于情感的压抑、不当的教育理念、家庭内的不良沟通和错误的应对方式，她们无法恰当地表达自己的需要，没有得到丈夫的支持，自然无法给孩子提供一个健康的生存空间。她们的丈夫通常不懂得该如何支持妻子，更不懂得如何缓解妻子的压力，索性顺水推舟地当起了甩手掌柜。在一些多子女的家庭中，当孩子间发生冲突的时候，父母会很巧妙地各自支持某一个孩子，对抗另一个孩子，让孩子成为冲突的直接体现者，从而避免父母彼此直接面对冲突。更有趣的是，父母之间的行为模式完全受各自原生家庭父母的影响，甚至完全复制了原生家庭的模式。

家庭中的问题，真的是每一个人都有责任！

其实家庭问题的根源并不在孩子身上，而是在婚姻上。我们没有必要埋怨自己的父母没给自己树立一个好的榜样，那么究竟应该怎么做呢？我建议你可以进行家庭自我保养，主要内容包括以下几个方面：

1. 给你的每一个家庭成员进行一次人物速描。比如你是一个什么样的人，你在家庭中与对方的互动模式是怎样的，你在家庭中扮演什么样的角色。再用同样的方法描述婚姻的另一半和孩子。这样的速描要客观、细致、具体，避免情绪化对自己的影响，以局外人的视角做分析。

2. 找到你们家庭成员间为了维护家庭而形成的共同信念。通过第一步的梳理，可以看出家庭成员间共同认可的信念，比如只有过度牺牲才能维持家庭的完整，或者只有彼此依赖，不能有个人空间，才是家庭完整的表现。然后思考一下这个信念是否合理和适用，有必要的话可以和你的伴侣一起探讨。

3. 探索一下你和你的另一半各自的原生家庭对自己的影响。了解一下你们的父母之间表达爱的方式以及在冲突产生时的处理方式是如何影响你们俩在婚姻中的处理方式的，这样有助于你们更好地了解对方是如何长成了今天这个样子的。因为懂得，所以慈悲，你可能由此发现一个你未曾了解的另一半。

4. 学习新的沟通方式。夫妻之间良好的沟通是家庭稳定的基础，每个人都应该充分地表达自己的想法，每个人都有表达的机会，尤其是一直以来表达较少的那一方。良好的沟通可以减少误解和负面影响。两个人可以重新定义沟通的方式和改进的方向，比如约定在家中禁止将彼此的称谓用第三人称“他”或“她”指代。

5. 夫妻共同约定不把两个人之间的问题转嫁到孩子身上。在家庭中，婚姻关系是优于亲子关系的，父母注意不要向在家庭中处于弱势的孩子抱怨对方，也不要让孩子来传递父母之间的负面意见，否则会让孩子产生压力，也会让孩子因为担忧失去另一方家长的爱而左右为难，内心出现冲突，从而故意制造各种事端，将自己的能量都耗在制造问题和拯救家庭上，耽误了自己在相应年龄阶段的主要发展任务。

在家庭中，孩子出了问题，并非孩子真的没有问题，而是孩子与父母互相配合，共同制造了孩子的问题，具有彼此循环的效应。父母既是狱卒，也是囚徒；孩子既是囚徒，也是狱卒。问题往往出在父母之间的沟通和关系处理上。父母如果足够勇敢，就要诚实地面对自己在婚姻中的恐惧，不要再拿孩子的所谓“问题”来当彼此关系的挡箭牌。

只有我病了你才爱我，我希望自己永远病下去！

小悠和父母第一次出现在我面前时，她站得离父母很远，正值青春期的她把脸藏在长长的头发和大黑框眼镜后，眼神里有试探和不安。同事给我的资料显示她经过医院的诊断患有抑郁症，我在这个基础上开始了咨询。

像很多生病的孩子一样，小悠的家庭系统也出现了紊乱。小悠的父亲常年在外承包工程，在施工队里干活时养成了喝酒的习惯，回家后与妻儿团聚，酒劲一上来，再加上争执几句，小悠就变成了家里的出气筒。她的弟弟也会挨打，小悠看到妈妈抱着弟弟开心的样子，就暗暗下定决心要保护弟弟，所以在父亲将椅子砸向弟弟的时候，小悠一次次地挡在了弟弟的身前。

我问小悠为什么要不顾自己的安危来保护弟弟。

她没有说是因为不舍得弟弟受伤，她低着头回应我："因为这样妈妈才可能喜欢我。"

妈妈在一旁听到这句话时，已经泪如泉涌，父亲也几近哽咽。在很长的一段时间里，在咨询过程中，小悠一直在细诉过往的种种悲伤经历，父母在旁边沉默不语，或者在动情处默默流泪。

直到有一次小悠的缺席，打破了这种局面。

小悠的父母告诉我，小悠所说的一些事是在她特别小的时候发生的，而且她的描述与现实之间有很大的偏差，她在描述的过程中加上了自己的想象，呈现出了更加暴力的画面。更重要的是，她的父母认真地回想了一下，感觉小悠说的一些事并没有真实地发生过。我反问他们，如果小悠的描述有夸张或编造的成分，那么他们为什么不在她描述的当时辩解或澄清。母亲一脸为难地对我说："医生说她病了，千万要顺着她，要让她把攻击释放出来。"

在听他们的描述前，我的第一反应是：父母是在为自己的行为寻找借口，这个家庭出了问题，父母感情不好，还拿孩子出气，然后孩子生病了，还埋怨孩子乱讲话。但是听完他们的描述后，我很难不相信他们。他们的确有问题，长期感情不和，还经常大打出手，但似乎除了小悠描述的那些暴力情景外，这对夫妇对他们在抚育孩子方面出现的问题非常后悔和自责。那次的咨询让我的内心充满了问号。

那天我从咨询室离开时已经很晚了，跟咨询室做接待的同事一同回家。她好奇地问我小悠怎么今天没有来参加咨询，我问她为什么会对这个姑娘印象深刻。她回答说："怎么能不深刻啊？这姑娘太可爱了，热情大方，招人喜欢。"虽然我没有再追问下去，但我的内心被猛烈地撞击了一下，小悠在咨询室外如此谈笑风生，受人欢迎，这与她一直留给我的那个在痛苦中难以自拔的印象截然相反。

在之后的咨询中，我建议小悠去医院再做次检查，因为我需要了解医生对她抑郁恢复情况的测评。测评结果不出所料，小悠已经恢复了健康。在我恭喜小悠的时候，她激动地抓着我的手说："不，我根本没好，我的健康都是装出来的，我还有病。"

"小悠，告诉我，是不是你觉得只要继续有病，父母就会像现在这样重视你、关注你、爱你？"我看着她的眼睛缓缓地问道。

她大眼镜框的后面是喷涌而出的泪水。

近几年，越来越多的人开始注重心灵成长，越来越多的父母开始明白，夫妻间的问题对整个家庭的影响是巨大的。很多夫妻感情不好，却勉强维持婚姻，美其名曰是为了孩子，但在孩子的成长过程中让孩子承担了很多父母消化不了的问题，甚至让孩子出现身心症状。孩子是脆弱的，最容易被当成家庭问题的替罪羊。

有句古训："养不教，父之过。"这让很多父母陷入了无尽的自责和后悔。孩子如果生病了，那么有可能从家里最下游的地位，一下子升到了最上游的地位，得到了父母无尽的照顾、呵护和爱。这个曾经在家庭中因为乖巧听话而被忽视的孩子，一跃成为备受父母宠爱的对象，得到了突如其来的幸福。对于这个孩子来说，他在潜意识里自然会在享受父母之爱的同时隐隐地担忧这份爱什么时候会离他而去。

换句话说，生病如果可以让父母继续爱孩子，那么自然就成为孩子控制父母之爱的工具。

小悠的父亲曾经用打骂的方式控制家人，小悠现在用生病的方式控制自己的父母。这是一种系统的动力，此消彼长。不管控制的工具掌握在谁的手中，家庭的悲剧都会轮番上演，被控制的那一方都会陷入身心的痛苦中。在这场变换角色的游戏里，没有真正的赢家。每个人只能安于其位，而且要认识到彼此都是系统运转的推动者，不要被情绪所控制，才能保持另一端的平衡，家庭才能真正和谐。

如果你的家庭和小悠的家庭相似，那么我建议你寻找一位合适的家庭治疗师，并且尽量做到以下几点：

1. 进行直接且充满爱意的沟通

传统家庭习惯少说多做，这样的文化背景容易让家庭成员产生诸多误会，尤其会让敏感的孩子产生误解。母亲之所以对弟弟比较关注，也许只是因为弟弟小，而且身体不好。家中诸多小事让姐姐产生了“我不如弟弟讨母亲喜欢”的误解，又在此基础上演绎出更多的故事和感受。母亲的沉默和付出，让父亲以为母亲冷漠，让姐姐以为母亲真的不爱自己。在这样彼此的误解中，夫妻关系和母女关系都会出现恶性循环。用“直接表达”代替传统思维里的“少说多做”，是很多人在家庭中需要发展的技能。

2. 学会适可而止的关注

如果每个家庭成员在家庭中都能将注意力回归到自己身上，不把自己当作工具去讨爱，那么能量就会平衡且自然地流动。如果你的家庭成员喜欢通过要挟的方式来索取爱，你就应该在不断表达爱意的基础上，适当地收回过多的关注。人性都是相通的，一个人如果发现要挟是可以起效的，就会继续使用这种方式去讨爱。我们如果配合了他的演出，那么对于他的独立和成长起不到好的作用。爱和约束其实是需要并驾齐驱的。

当看到别人一手创造自己的命运的时候，我们千万要记得，我们其实也参与了他的命运的创造。撕开家庭问题的面纱，其实每一个家庭都有难以言说的苦痛，制造、参与和承担这份苦痛的永远不可能是家庭里的某一个人。是爱的流动和平衡，还是恨的暗流涌动，这个爱与恨的开关其实掌握在每个家庭成员的手里。

05

第五篇

婚姻危机，也是成长的生机

你原谅了出轨的老公，就不是独立新女性了吗？

许敏和很多已婚女性很相似，都是因为发现老公出轨后，犹豫要不要离婚才来咨询的。

她和她的先生是大学同学，刚开始，她先生追求她时用足了功夫，最后因为他的厚道老实，她决定跟他交往。婚后两个人的感情比较稳定，后来随着许敏的事业发展得越来越好，她老公把重心更多地放在了照顾家庭上。对于这样的家庭分工，许敏并不在意，跟姐妹们聊天时说："那些男人一旦事业成功就在外面彩旗飘飘的剧情绝对不会发生在我身上！"

结果，现实还是扇了她一个狠狠的耳光。

许敏在我的咨询室里，得到了充分的释放，她并不像她自己曾经说的那样不在意男人的成就和薪酬，这么多年以来，作为支撑家庭的主力，她将自己所承担的辛苦和委屈化作了汩汩的泪水。在那些泪水里，我还能体会到她对自己当初下嫁给老公的后悔之情。当我们进行了第三次咨询以后，我原以为可以推进咨询深度，许敏突然打电话告知我她已经想明白了，咨询可以停止了。

我好奇地问她经历了什么，能否分享一下。她告诉我，在上次咨询后，她参加了某个女性心灵疗愈课程，在课程中她发现自己和那些在经济上完全依赖老公的太太们根本没有任何区别。

“我可是受过教育的新时代的独立女性，我不能再走封建社会的老路！我决定了，离婚！”

我并没有对她多说什么，她掷地有声的话语似乎已不容我再多问一句。我为她送上祝福后，默默地放下电话，反复咀嚼着她所说的独立新女性的意思。

我们是在什么时候给现代女性贴上这个标签的？

近百年的中国女性发展史，也是中国近代史的写照。什么是独立新女性？有新就有旧，先介绍一个旧时代女性的代表人物——张幼仪。她跟徐志摩离婚之后，还全心地服侍徐志摩的全家，甚至连陆小曼没钱用的时候都来找她。按照我们现代人的眼光看，这就是不能自主参与生产活动、不能自主决定自己命运的典型旧时代女性。

新中国成立后，女性翻身得解放，能顶半边天，与男性同工同酬，开始觉醒和变得独立。社会似乎把女性放在了一个近似全能的位置上，女性不仅要在工作上顶半边天，还要承担生育多个子女的任务。要想兼顾工作和家庭，女性需要学习的内容有很多。我们的母亲就是在这样的摸索下长大的，这样长大的女孩子往往会因为母亲疏于对自己内心的照顾而产生很多匮乏感。

新时代依然有旧女性，那些为了家庭牺牲自己前途的太太们，依然上演着类似的剧情。因为有很多前车之鉴，女性渴望在精神上和经济上都实现独立，于是更用力地追求着自己的事业，拥抱美满的家庭。可能因为女性力量被长达几千年的封建社会压抑得太久，很多女性为了获得独立新女性的标签，往往用力过猛。

似乎独立新女性的潜台词变成了这样：因为我有能力满足自己的经济需要和精神需要，所以我完全不需要你，你如果不合我意，就从我的世界里消失！

其实独立最重要的含义是为自己负责，为自己的情绪和行为负责，了解自己，然后接纳自己，对过去和现在发生的一切秉持欣赏和负责任的态度，而不是仅仅把对方不合我意时我“有能力”离开视为独立的标准。

许敏这种表面上的“独立”，实际上是在逃避自己在婚姻中的责任，其实是不独立。

面对伴侣出轨这样的事实，在第一时间震惊和愤怒都是正常的反应，只有在情绪冷静下来后，对这个问题的深入思考才是命运给我们的真正考题。

出轨究竟值不值得原谅，要看属于哪种情况。第一种情况是其中一方习得性出轨，也就是说，无论夫妻之间的感情有多好，其中一方仍控制不住自己，要在外面找些新鲜的刺激，来伤害另一方。在这样的婚姻中，被出轨的一方如果仍要苦苦支撑，死活不离开另一方，就可能存在低自尊的问题。在实际咨询中，这样的情况并不少见。

第二种情况出现得更多一些，那就是婚姻本身有问题，让出轨变成一个顺理成章的结果。有些夫妻表面上风平浪静，岁月静好，但其实除了谈论家长里短以外，已经没有任何心灵的交流了。每个人都有心灵交流的需要，对于这样的夫妻来说，外遇就成了一个现实的选择。

每个人满足需要的方式并不一样。“70 后”“80 后”女性在成长的过程中，常常被忽略个人的感受，即使有了感受和需要，也不知道该如何正确适当地表达。在许敏的个案中，她并没有像旧时代女性那样一味地压抑自己对先生的不满，而是换了一种表达方式，比如她在最近一年里与先生的性生活次数屈指可数。按照弗洛伊德的经典精神分析理论，性和攻击属于同一股驱力，我不让你获得性，就是在表达我对你的攻击。许敏不知道自己在用这样的方式表达了“自己的需要”，她先生则用出轨的方式表达了“自己的需要”。

这是一道道德考题，在这道考题里，他们都是用性来惩罚对方，那么又有谁做对了呢？

在面对这个问题时，我们可以进行更多的思考，比如我与自己的另一半的互动模式究竟是如何形成的。我们不但要知道出了什么问题，还要知道问题源自哪里。

许敏是我三年前的来访者，她在今年又找到了我。这一次她又遇到了婚姻危机，这一次的原因和上一段婚姻破裂的原因几乎一模一样！

许敏出生在一个女强男弱的家庭，她的母亲就是在过度强调女人能顶半边天的时代长大的，母亲在家庭中将半边天变成了整个天空。在许敏的记忆里，她几乎感觉不到父亲的存在。父亲在事业单位上班，如果准点下班回家，就要被许敏的母亲训斥为什么不学别人下海赚钱。在这样的反复唠叨下，许敏的父亲就被推着下了海。后面的剧情可想而知，母亲任劳任怨地操持着这个家，父亲犯了很多男人都会犯的错误。在许敏的记忆里，在将近十年的时间里，她每天晚上听着母亲的絮叨，擦拭着母亲的泪水，暗暗下定决心，将来绝对不找像父亲这样不靠谱的男人。

每一个孩子都极其热爱自己的父母。许敏强烈地热爱着自己的母亲，以至于从言谈举止到思维都完全复制她母亲的模式。虽然最初她的确找的都是不太像自己父亲的男人（其实只是外表看上去不像），但后来由于她对待他们的方式都是一样的，都把对方变成了这样的男人。她很喜欢在婚姻中挑衅地说："你敢去外面找别的女人吗？我谅你没这个胆子。"

在两段婚姻里，她都辛苦地操持着家庭，都说着一样的话，都得到了一样的结果。

她在不同的婚姻里重复着同样的模式，也在自己的人生中重复着母亲的命运。当看见了自己在婚姻中的"强迫性重复"时，她便找到了解开自己人生谜团的钥匙。

我认为"独立"两个字还有一个重要的含义，那就是平等。从"独立"的角度说，无论是在经济上还是在精神上，都能做到与自己另一半的平等相处，才是婚姻保鲜的秘诀。

如何做到平等呢？

在家庭里，夫妻关系如同两个独立的合伙人的关系。我有能力看见自己的需求，也有能力去满足对方的需求。我有能力表达自己的感受，也允许对方表达自己的脆弱。我们要在事业上与对方并驾齐驱，优势互补，既不做婚姻的寄生虫，也不过度强调自己对家庭的贡献。女强人付出了艰辛的打拼，也得到了家庭事务的强势话语权。我们如果肯承认这部分"不平等"本质就是"平等"，就会让自己放下执念，开始成长。

在婚姻中，我们对另一半有期待非常正常。作为独立的新女性，需要学会用好的方法表达，与伴侣进行良性的沟通，而不是一味地要求在婚姻中占主导地位，更不是在危机来临时准备先离开婚姻。当不自觉地这样做时，我们就有可能掉入了自己亲手挖的人生陷阱里，还不自知。

你连自己的人生模式都看不清楚，连自己的情绪需求都不知道该如何表达，甚至连最起码的夫妻平等都实现不了，还谈什么“新女性”呢？

喂饱对方，好让对方喂饱你

阿幸通过几个朋友辗转找到了我，在七八年前，她经常来我们公司做审计而与我结识，后来随着各自工作的变迁而失散了。

我以前偶尔听她聊起她的老公，在我的印象里，阿幸嫁给了一个爱家爱老婆的好男人，只是他当时在事业上可能比阿幸差了一点儿，这正是她犹豫要不要嫁的原因。阿幸的老公长得很周正，很聪明，深谙人情世故，和阿幸心心相印，算是佳偶天成。在新婚的那段时间里，我听阿幸抱怨最多的就是，她老公不管多早下班，都要在家等她回来烧饭。因为在他心中，她做的饭就是人间美味，甚至比自己老妈做得还要好吃。那时阿幸和我聊她的生活就像聊她的职业一样，好像总有一张隐形的盈亏平衡表，在婚姻的收支上加加减减。

她加了我的微信，没说几句，就进入了正题。

“我老公变心了，我现在掌握了那个女人的第一手资料，我准备约她出来好好谈谈。”阿幸急不可待地打了这样一行字。

“哦，在他变心之前，你做了什么？”朋友之间的问话，我想点到为止就好。

那天下午，我没有收到她的回复。

大约一周后，我收到她满屏的留言。她描述了自己的婚姻过程。婚后阿幸的事业心很强，逐渐疏于对家庭的照顾，原来每晚的饭香变成了方便面或快餐，而且常常是她老公一个人守着餐桌吃的。她老公对她的不满越来越多，但她觉得她能为家庭贡献更多的收入，并没有在意老公的不满。

“你让我去想发生了什么，我想这就是原因吧。别人家都是老公忙于赚钱，在外面认识了小三，我们倒好，我在外面拼命赚钱，家里的倒有了个小三。看来男人的劣根性真的是难改啊！”阿幸的愤怒和无奈透着手机屏幕蔓延了过来。

这故事听上去一点儿也不新鲜，还挺老套。只是隔着手机，又面对一个事业心极强、超会用脑的女强人，还不属于咨询关系，我想了一下，只能跟她讲道理了。

“最好的婚姻是相互依赖。我们对一段关系的投入度和伴侣的忠诚度成正比。”

撇开情感道义，我们来看看人性。人们都想以最低的代价获得最高的奖赏，总是想在一段关系里得到最好的交易。每个人都是这样的，当得到一项不错的交易时，他们会依赖自己的伴侣，并不想离开他们。就像阿幸的老公，一开始各方面其实都不如阿幸，这对他来说真是一项不错的交易，所以他会热烈地追求阿幸。而且那时的阿幸对关系的投入度是相当高的，她的一手好菜让她老公对婚后生活非常憧憬。婚姻中的某一个人如果带着这样的期望进入婚姻，那么一旦期望落空，就会感到失望。再看阿幸，一开始她对她老公存有一定的依赖，经常会因为工作上的困惑去请教他。虽然阿幸老公的收入不如她，但他毕竟在公家单位摸爬滚打了很多年，可以轻松地帮阿幸解决工作上的困惑。阿幸在很长一段时间里深深地依赖着她的老公。可以说，在结婚的头两年里，两个人对彼此的依赖程度是一样的，关系刚刚好。

再往后看，这种平衡逐渐被打破了。阿幸逐渐成长起来，已经能够独立处理工作中的问题，对老公的依赖越来越少。阿幸老公原来依赖阿幸每晚做的饭菜香也不见了。这对夫妻原有的依赖关系被打破了，但这并不代表关系会瓦解，如果他们懂得去寻找新的平衡，或者增加自己对家庭的投入度，关系就会有所改善。

请看下面这个公式：

忠诚度 = 对婚姻的满意水平 + 投入程度 – 替代伴侣的质量。

说实话，现代社会的诱惑很多，替代伴侣的质量并不一定比原配低。这是一个客观事实。但这并不代表每一段婚姻在面临外部诱惑时都会出现裂痕。如果双方对一段婚姻的满意水平和投入程度都很高，那么替代伴侣无论有多好，都不会影响到婚姻。那些出现第三者的夫妻之所以离婚，大多是因为对原有婚姻的满意水平和投入程度都不足以抵消掉替代伴侣的质量。对婚姻的满意度和彼此投入程度都较高的夫妻并没有兴趣四处寻找替代伴侣。

“你想让你们的亲密关系保持下去，如果把精力用在对付替代伴侣上就错了。因为像小三这种妖怪是打不完的。”我告诉阿幸。

“我明白你的意思，婚姻需要彼此依赖，可是我结婚时的彼此依赖现在都没有了，客观条件也无法回到从前了。”

“如果为伴侣提供美满的结果能使称心的亲密关系持续，那么即使需要做出努力和牺牲，最终对你自己也是有利的呀！”说实话，我真不喜欢用这样的方式说话。

“没听懂。”爱用逻辑的阿幸终于招架不住了。

“你真的以为你老公只因为你不烧菜了就不爱你了吗？你有没有因为自己不再需要他帮你在工作上出主意了，而不再爱他了呢？”

“也不是。我们原来的依赖不见了，但好像并不是感情出了问题。”

“对，就是投入度出问题了。你要认真地了解一下他的内心到底需要什么，去满足他的需要，同时，你要思考一下自己的内心需要什么，告诉他你的需要。你们需要建立一种新的依赖，在这个基础上为彼此投入，从而提高你们对婚姻的忠诚度。喂饱对方，好让对方喂饱你。”

面对一段出轨的婚姻，怎么判断有没有必要坚持？

海芳的先生是她的大学同学，两个人是同学中的模范伴侣，十多年来相亲相伴，孩子很有出息，考上了重点高中。

海芳的两个闺蜜都情路不顺。路燕在新婚不到一年，刚刚怀孕40天的时候就发现了老公的外遇，生性刚烈的她自己去医院做了流产。她后来再婚了，许多年来一直为如何怀上一个孩子而耗尽心神。

她们俩有一个共同的闺蜜王莉，王莉经常被她们俩骂没出息。从王莉怀孕开始，她的先生就像中了魔咒一样，出轨成性，每次被王莉抓住后就发毒誓说再也不做对不起她的事，在王莉一次次的原谅后，却故伎重施，以至于现在都成了两人之间心照不宣的秘密。王莉如今懒得去管丈夫的事，把重心全放在孩子身上，她先生在这个家里只剩下了个名分。

以前三个闺蜜聚在一起的时候，路燕和王莉长吁短叹之后，就都情不自禁地羡慕海芳一番，在她们的眼里，海芳就算是岁月静好的优秀代表了。这样美好的画面定格在了今年夏天。海芳在与老公信息存储同步的照片库里发现了他和另一个女孩的亲密合影，当时海芳的头都要炸了。在否认、质疑、愤怒、伤心之后，她慢慢冷静下来。多年以来，她经常听到闺蜜们讲起对出轨事件不同的体验，她从一开始发现时愤怒地想离婚，到冷静一周后的彷徨，多年的亲情早已将两人捆绑在一起，但又不知该如何面对被背叛的愤怒。在先生出轨的问题上，她究竟该何去何从呢？

走进心理咨询室求助婚姻问题的女性，有很多是因为伴侣出轨，有的人处于情感的受挫期，伤心、无助、愤怒；有的人已经冷静地分析完形势，想对婚姻做一些挽救工作；还有个别的女性已经做好了离婚的准备，想通过这个事件对自己的内在进行深入的探索，好让自己更有力量地离开婚姻，重获新生。

他为什么要出轨？

我们不管是面对带着哪一种咨询目标的来访者，都要首先了解在一段稳定和固定的伴侣关系中有一方为什么要出轨。

路燕说，她的第一任丈夫对那次冲动的出轨是有悔意的。当时他被一个朋友带去酒吧喝酒，因为过于信任朋友，所以喝得有些高，但还没到喝醉的地步，冲动之下和认识的陪酒女郎发生了关系。事后他追悔不已，但这件事对路燕的伤害太大，以致于两个人在痛苦中失去了婚姻和孩子。路燕的前夫自从离婚后，一直没有再步入稳定的恋爱关系，多年来似乎一直在用这样的形式惩罚自己。

可见这样的出轨属于纯粹的身体出轨，也就是性欲在外界的刺激下被唤起。一个人如果年富力强，而且阅历不够，就容易发生这样的事。这属于在激情下的出轨。当然，纯粹的身体出轨还有另一种可能，就是在婚姻中的两个人性生活不匹配、不同步、不和谐，造成另一方去婚外寻求满足。

王莉的先生看上去像寻求身体出轨的人，因为他常年出轨但从未离家，似乎在情感上还想和自己的妻儿生活在一起。像王莉老公这样的人恰恰属于“出轨体质”的一类人。首先，王莉夫妇的性生活其实一直比较和谐和令人满意，但这样稳定的婚内伴侣关系无法满足她先生猎奇的胃口，他总是想尝试新鲜的肉体关系，又希望伴侣允许他的这种行为。说到底，这属于人格层面的问题。她的先生在自己的家庭中复制了和他的原生家庭一模一样的模式，他的父亲常年出轨成性，母亲一味忍让。虽然他一开始痛恨自己的父亲，但王莉的隐忍让他最终变成了和父亲一样的人。和人格有问题的人继续生活，其实对自己是不公平的。

与路燕和王莉相比，海芳的问题其实更麻烦。十几年的夫妻，经受住了风雨的考验，但输给了漂亮青春的脸庞。他和情人的诸多合影表明他动了真感情，这样情感上的背叛让海芳感到万箭穿心。

所以，在面对伴侣出轨的问题上，我们先要看看对方出轨的类型是什么。如果是身体和激情下的出轨，相对来说婚姻挽回的可能性会高一些。对于属于“出轨体质”的伴侣，是否离婚完全取决于另一半自尊水平的高低。让人最难决断的其实是情感上的背叛。在面对复杂的局面时，我建议被出轨的一方不要一时冲动，而要给自己足够的时间冷静，去衡量这个问题的严重性和继续的可能性。

被出轨后，我究竟应该怎么做？

不管伴侣为什么出轨，我都建议你借着这个危机按照以下的步骤给自己的婚姻做个体检。

第一步：稳定自己的情绪

通常在关系中被背叛以后，大多数人会经历否认、愤怒的情绪阶段，这些本能的情绪都特别正常。被出轨的一方如果一味地压抑自己，甚至不断地追问自己到底做错了什么，就容易因为自我苛责而陷入抑郁的情绪，对解决问题没有好处。还有可能出现另一种极端的状态，就是陷入极端的愤怒中，想去报复伴侣，甚至想报复第三者，这样就会陷入追查、跟踪、争斗的剧情里，只能让目前的状态越来越糟。我们如果还没搞明白是怎么回事，就一味地被情绪牵着走，只会把自己的婚姻往死胡同里推。

第二步：问明真相，评估对方出轨的原因

其实伴侣是我们身边最亲密的人，等冷静下来后，和伴侣的坦诚沟通很重要。在询问的过程中，不管对方是否愿意讲出真正的出轨原因，作为他身边最亲密的人，你都可以对这次事件做一个基本的评估，判断他的出轨到底是属于身体出轨，还是属于惯性出轨，是否是因为你们之间的感情有了潜在的问题，所以他才将感情移向外部。当冷静下来后，我们就会得到客观的答案。

这里需要注意的是，在向对方询问原因时，不能一味地指责和埋怨对方，否则永远听不到真话。虽然这有些残忍，但你不妨带着好奇心去问，只问事实即可，这些事实只是用来做评估的。

第三步：如果伴侣承认错误，愿回归家庭，我们就与他探讨彼此的责任和成长方向

一般来说，激情出轨的一方大多会回归家庭，且心存愧疚，会在自己的伴侣身上多做弥补。我们如果面对的是属于“出轨体质”的伴侣，就需要考虑愿不愿意拿自己的青春和岁月去换取一份表面的祥和。我们如果面对的是情感出轨的伴侣，相对来说，在进行第三步时就比较受折磨。因为两个人的感情有可能已经出现了裂痕，对方是用转移注意力的方式解决情感空虚的问题。在这个共同探索的过程中，两个人都要有勇气承认自己疏忽了对方的情感需要，都要为自己过去的行为负责，这样才能体现出改过的诚意和共同走下去的决心。

在与老公共同探索的过程中，海芳认识到近几年来自己把注意力都放在了儿子身上，疏忽了老公，以前爱说爱笑的老公渐渐地不跟她说心里话了。她一直以为他们已经是老夫老妻了，没有在意这些，但时间久了，两个人的心理距离和身体距离都疏远了。尽管在外人看来他们还是一片和谐，但上一次两个人半夜谈心已经是三年前的事情了。海芳在与老公复盘的过程中，先表达了自己这些年对老公内在情感疏忽的歉意。两个人在一起促膝谈心，把彼此压抑很久的心里话都说了出来。

当两个人决定共同挥别过去，修正错误走向未来时，海芳告诉自己的老公：“不管曾经发生了什么，你都背叛过我的感情，我在一定程度上失去了对你的信任。我希望你给我时间去重新信任你，当然我也给你机会去赢回我对你的信任。”海芳说的这些话非常重要。伴侣出轨所造成的伤害的确出现了，我们不能只轻描淡写地说

一句挥别过去，就马上翻篇。如果我们不给自己时间，也不让对方付出努力，那么这样的翻篇终究让人的内心不踏实，就容易出现虽然嘴上说没事，但暗中还要继续怀疑老公的拧巴状态，实在没有什么意思。

第四步：两人共同努力修复婚姻中一直存在的问题

如果夫妻双方不解决出轨前两个人婚姻中的问题，只是小修小补，或者补得不牢，那么类似的事情有可能再次发生。我建议经历危机的伴侣去做婚姻咨询，共同给婚姻做个体检。外遇或出轨是在提醒婚姻出了问题，就像亮起了一盏黄灯，如果不做大修，离红灯就不远了。

被最信任的人伤害的确是痛苦的，即便用了我提供的方法，要直面那个深深爱过又深深被他伤害过的人，也是很难很难的。你如果真的经过认真的思考和评估，依然希望和这个人共同走下去，就把自己的心态调整好，把这个事件当成你们婚姻航行中的一次风暴考验。给对方一次机会，其实也是给自己重拾幸福人生的一次机会。

老公和小三分手，我还要陪他失恋

在没有出现第三者之前，爱榛和老公的交友圈子几乎没有交集。她是办公室白领，看电影、看戏剧是她业余生活的主旋律。她的先生是位设计师，在业余时间喜欢攀岩、滑雪等户外运动。多年来，两个人各玩各的，她有几个好闺蜜，他有几个好兄弟，所以各得自在。

当得知他的好兄弟里有个女孩子已经与他走得很近时，她才意识到，自己其实已经很久没有和老公交流过心里话了。爱榛是典型的乖乖女，当得知自己老公出轨的消息时，她感到惊讶、愤怒，归于平静后，她的第一个反应是："我做错了什么？"所以当她的先生向她摊牌后，她马上反省自己大意了，她和老公这些年来渐行渐远，彼此关注的话题并不在同一个频道上。于是她很真诚地与老公一起分析眼前的困境，梳理以往的问题，她的老公也向她坦言这些年来自己在婚姻里的孤独，两个人在认真交流后决定重新开始。

问题就出在重新开始上。老公从真正出轨到离开外遇对象只有一个月的时间，虽然时间在一点点地过去，但是老公似乎还没有真正做好开始新生活的准备，整天闷闷不乐，坐立不安。在爱榛的追问下，老公坦言自己需要一段时间从那段感情里走出来。虽然这样的回答让爱榛感到很受伤，但她还是将伤痛忍了下来，答应给他时间。

接下来，爱榛如履薄冰地生活着。她一方面刻意地不提这件事，将与此有关的信息刻意跳过，电视里一出现外遇的情节就迅速换台，一方面看着老公仍然郁郁寡欢的样子，她的内心极为不满，只想让时间慢慢冲淡这一切，于是强忍欢笑，甚至在老公流露出对小三的不忍心时，还要费心开解。

就这样，过了半年时间，爱榛终于受不了了，来向我求助。

出轨事件的对应阶段、对应表现和策略

像伴侣出轨这样的事件，谁都不愿意碰上，一旦碰上，就会经历一开始的怀疑、坐实后的震惊，以及之后的愤怒和纠结。被出轨的一方如果决定继续在一起，还要忍受痛苦和不信任，如履薄冰地重新开始。这其中的每一步都如踩着冰刀般刺痛，只有经历过的人才知道。

一般来说，伴侣出轨后，可能经历以下四个阶段：

第一阶段：震惊期

在得知伴侣出轨后，你的情绪会经历这样的过山车：否认、愤怒、伤心。这都是一个人在经历类似事件后的本能反应。在这个阶段，面对自己的真实情绪是最重要的。有的人不敢面对，一直停留在否认的状态里，总是认为“他不是这样的人，我一定是看错了”，像这样的逃避只会让问题越来越严重。即使另一半已经挑明了，自

己还在麻痹自己，权当这件事没发生过，第二天就翻篇，这些都属于否认的状态。

第二阶段：挽回期

如果你早已不爱对方，只是不甘心自己的东西被别人抢走，从而心生报复的话，那么这样的挽回就会让你们的问题变成离婚大战。如果你们俩的婚姻早已名存实亡，那么外遇的出现就相当于在宣判婚姻的结束。

挽回阶段只适用于这种情况：尽管你对婚姻并不满意，但一想到要失去对方就觉得万箭穿心，你想努力把对方拉回来。我不建议你在这个阶段做出这样的努力，也就是说，我不希望你明明知道老公出轨，还想用尽方法（比如找人分离小三这样的手段）把他拉回来。我建议夫妻双方进行坦诚的沟通，然后决定何去何从。如果这时老公的态度不明确，就说明他也在犹豫和挣扎，两个人最好进行彻底的沟通，你可以向对方表达想继续维持婚姻的诚意。

第三阶段：挣扎期

在这个阶段，两个人已经达成共识，决定维持婚姻，出轨的伴侣决定回归家庭。伴侣和出轨对象有可能分分合合，似乎处在一种要断不断或断不利索的状态，或者伴侣在形式上已经和出轨对象分手了，但自己过于关注伴侣，患得患失，与伴侣反复纠缠此事，就会感觉特别受煎熬。如果伴侣对出轨对象存在分离障碍，长期如此，婚姻就如同只剩下躯壳，两个人依然貌合神离。

第四阶段：回归期

在这个阶段，伴侣已经明确回归家庭。要注意的是，两个人之间的问题不会因为伴侣形式上的回归就消失了。这时被出轨的伴侣深层的情绪有可能冒出来，出轨的伴侣有可能重现当年出轨前的心态，仍然对婚姻怀有不满。这个阶段，是两个人对婚姻中存在的问题反省、修正、实践的好时机。两个人都要反省各自的问题，并努力修正，如果像和稀泥一样随便翻篇，那么以后还会出现类似的问题，而且会以更猛烈的形式出现。

如果伴侣在外遇和我之间反复纠缠，我应该怎么办?

对应上述的四个阶段，爱榛显然处在第三或第四阶段。有的伴侣即使许诺答应结束外遇关系，还会与其继续联系，反复纠缠，过了很长时间仍然难以离开外遇对象，这说明伴侣在“分离”这个议题上是有问题的，严重时可能存在分离障碍。

如果你处在上述的尴尬境地，我建议你从以下两点来检视自己：

1. 你有没有在与伴侣沟通时很明确地表达过“你与他（她）彻底分开，才是我们继续维持婚姻的前提”？很多时候，我们觉得跟伴侣挑明此事后，伴侣就会知道该怎么做，但也许你的要求和对方的要求差之千里。有些夫妻总觉得跟对方沟通得“差不多”了，对方是会明白自己的想法的，这种“差不多”的沟通可能就是两个人婚姻一直存在的问题。

2. 检讨自己的低自尊情况。有的伴侣在反思自己在婚姻中的表现时，发现自己的一部分行为确实是导致对方出轨的一个诱因，于是陷入了理亏的境地，连要求都不敢提。不管婚姻出现问题的原因是什么，出轨行为本身都是对婚姻的背叛。在这一点上，被出轨的伴侣有权力而且应该义正词严地表达自己的要求。很多被出轨的伴侣明明受到伤害，却连要求都不敢提，就是因为内在核心的“我不够好”的低自尊情结。

其实爱榛就存在着低自尊情结。她从小在父母望女成凤的棒喝教育下长大，总是觉得自己处处不如人。在事业上，她的自我鞭策使她顺风顺水，但在家庭中，她总是在自我反省，反而让伴侣失去了尊重她的理由。

在这个阶段，作为伴侣的你具体能做些什么呢？

首先，你要知道对方与外遇对象分手是需要时间的，但这个时间不应该是无期限的，所以沟通好最后的期限很重要，否则你会在惴惴不安中度日，他会在恍惚中神游，当断不断，剪不断，理还乱，这对重建你们之间的信任是没有好处的。

其次，要跟自己的伴侣沟通的是你的需要，而不是你的情绪。出轨的伴侣在与外遇对象分手的过程中，情绪肯定会有反复，尤其是那些情感出轨的伴侣。任何一段感情的舍弃，都会伴随着不忍和痛苦，只是当面对伴侣这样的状态时，你肯定会泛起更多的痛苦情绪。这时，适当的表达就很重要。如果你的心里积压了很多愤怒，你就会在某一天忍无可忍，把愤怒一股脑儿地发泄出来，这样很可能会把你们刚刚重新建立的信任消磨掉。无论如何，都要记住只和对方沟通你的具体需要：“我需要你在下班后六点前回到家，这样我会觉得安心。”而不是一味地情绪化指责：“你是不是下班后还和那个狐狸精在一起？”

最后，在这段时间里，你要把注意力全部转移到自己身上，就好像自己在过单身生活一样。有的女性在这个时候拼命地付出，讨好老公，这样的状态只会让对方反感，或者增加对方的愧疚感，谁愿意活在这样的情绪里呢？这只会把对方的心推得更远。相反，你应该趁着这段时间好好梳理自己，可以去学习，去自我成长，提升自己的状态，也可以拾起那些在结婚后早已放弃的爱好。总之，你要把视线从对方身上转到自己身上，真正能吸引伴侣的，是那个光彩熠熠、独一无二的你。

婚姻就像织布，总有线头断了或者织歪了的时刻，重新绕线再织就是了。重要的是，那些曾经用的线过细、织得过于粗心的地方，要记得拆了重织。只有够韧的线和够好的织法，才能让这块布更牢固，织出的画面更美。

给老公洗内裤的婆婆，洗淡了我的爱情

小莉是典型的公司白领，34 岁的时候遇到自己的老公，两人相识一年后就顺理成章地结婚了。小莉虽然没有多少恋爱经验，但听到过不少闺蜜的辛酸爱情史，尤其是婚后与婆婆共同居住时发生的种种闹剧，所以她很早就跟自己的未婚夫提出来：即使婆婆一个人居住，小莉也希望婚后不要和婆婆居住在一起，大家最好保持比较清晰的边界。当时正在追求小莉的未婚夫虽然有些犹豫，但还是一口答应了小莉，毕竟家里有两套房子，母亲身体硬朗，并不需要人照顾。

小两口婚后的头一年是平静甜蜜的一年。同许多家庭一样，这样风平浪静的生活被新生命的到来改变了。小莉的父母住在外地，她在大龄年纪怀了头胎，怀孕反应频频出现，于是婆婆搬来与他们同住。小莉孕期后三个月腰痛得无法上班，还经常孕吐，婆婆无微不至地照顾小莉，让很早就离家感受不到父母温暖的小莉深感温馨。婆婆把家里所有的家务都承担了下来，并且早起晚归地买新鲜的食材，换着花样地烧菜，好让小莉有胃口吃下去。那几个月里，虽然小莉的孕期反应很明显，但她真切地感受到来自长辈的关爱，

心中温暖无比。

在同一个屋檐下，和婆婆同住的时间越久，彼此的渗透就越来越多。小莉其实是一个很在乎个人边界的人。有一天，她拉开五斗橱抽屉，发现自己的内衣内裤被婆婆整齐地码在里面，突然感觉到羞涩，转而觉得小小的愤怒。小莉念着婆婆的好，没好意思跟婆婆提出来。接下来，婆婆直接从小莉的钱包里拿钱去买菜。孩子生下来之后，婆婆连问也不问就直接解开她的衣服帮着挤奶。孩子半岁时，婆婆仍然不敲房门直接闯进他们的卧室。小莉有一种越来越强烈的窒息感。

她没有勇气跟婆婆说起这些事，只好阴沉着脸，婆婆似乎完全读不出她的心思。小莉向老公抱怨，每次都被老公数落自己不够包容。有一次两人争吵后，老公直接骂她："你太不孝顺了！看看你对待你父母的样子，我就知道你是个忘恩负义的人。"小莉感到心都要碎了，因为自己的父母从小对自己情感淡漠，她将这份心事说给最爱的人听，却变成了对方攻击自己的把柄。

就这样别别扭扭地过了一年后，全家人共同出游日本。小莉带着儿子从酒店游泳池回来，正好撞见婆婆从卫生间出来，手里拿着老公的短裤准备去洗，当她望向留有余缝的卫生间房门时，看见老公正赤裸着身子刮胡子。小莉当时的头"轰"的一下就炸了。当晚，她没有控制住自己的情绪，在卧室里一股脑儿地跟老公吵了起来。当她情绪激动地说起短裤事件时，让她没想到的是，老公一拳打在了她的脸上，她当即滚下了床。

最让小莉崩溃的是，婆婆在劝完两个人后，得知了小莉生气的原因，愤怒地对小莉喊道："你这种女人就该打，打死你也不为过！"

三个月后，小莉坐在了我的咨询室，为了离婚而来咨询。她说她细细地想了想，她和老公的关系在本质上似乎没有什么大问题，但婆婆的强势介入和老公对婆婆的一味袒护，让她感觉生不如死。似乎只有两个人彻底分开，才能给自己留下一条活路。

婆媳矛盾的本质原因

很多时候来访者在咨询时，我发现夫妻双方的感情并没有太大问题，彼此感情的裂痕往往是婆媳矛盾导致的。通常来说，婆媳矛盾最容易爆发的时机是在女方生完孩子之后。如果女方的父母没有办法前来照顾，婆婆就会自然接盘。由于生活习惯的不同，再加上养育孩子的观念不同，因此婆媳之间就会产生很多冲突。老公如果不太会协调关系，那么更容易让婆媳矛盾爆发。

婆媳矛盾的主要核心是什么？应该怎样处理婆媳矛盾呢？

当家庭中只有夫妻两个人时，这是一种相对简单的二元关系，如果第三方介入，二元关系就变成了三元关系，这种关系就会变得更为复杂。何况这闯进来的一方，还和原来二元关系的一方关系更近。家庭中的三角关系是明显失衡的。

一般来说，出现婆媳矛盾问题的家庭，往往是婆婆和儿子的关系非常亲近的家庭。这种情况特别容易出现在丧偶式婚姻的原生家庭中，不管公公如今在这个家庭中的作用重要与否，公公在与婆婆的长期婚姻中，自己作为老公的角色都是缺失的，比如年轻时常年出差在外，很久不回家，或者两人离婚，婆婆单独抚养儿子。在这样的情况下，婆婆更容易把儿子当成自己的情感寄托。还有一种情况，公公婆婆的婚姻一直存在，婆婆是一个性格强势的人，一直控制着儿子，当儿子有了自己的家庭之后，还想控制儿媳妇。

属于这些类型的婆婆，很难在心理上和自己的儿子分开。母亲可能认为，曾经和自己关系那么紧密的儿子和另一个人建立了新家庭以后，就像失去了这个世界上最重要的一个人一样，所以她可能有意无意地阻止儿子和儿媳妇建立亲密的关系。当然，这一切可能都藏在婆婆的潜意识里，她自己未必能意识到。

最近出现一个新词叫“妈宝男”，是指一个男性从小到大什么事都听他妈妈的，可能严重到谈恋爱和结婚都要经过妈妈的同意，否则就要分手。再加上“愚孝”观念的影响，这样的男性自然会带来婆媳矛盾。很多人在婚前并不能发现这一点，往往在婚后才暴露出问题，这种不可预判的风险使婚姻有了更多的不可预测性。

面对婆媳矛盾，妻子常常抱怨丈夫总是维护自己的母亲，没有照顾到妻子的需要。媳妇确实在生活上或者物质上得到了婆婆的好处，只好敢怒不敢言。当妻子向老公抱怨时，有“妈宝”情结或“愚孝”观念的老公就会数落妻子小题大做，直接用一盆冷水浇凉了妻子的心。在这样的家庭里，老公往往并没有意识到自己的母亲除了想控制自己以外，还想控制妻子，控制他们的家庭。一个人如果长期生活在一个被越界的环境中，那么即使有再多的越界，也麻木得感受不到了。

该怎样处理婆媳矛盾呢?

处理婆媳矛盾的核心人物永远是老公，也就是婆婆的儿子。婆婆和儿媳本来就是陌生人，是因为儿子才联系在一起，所以这个关系还得靠儿子去调节。

首先，在理想的家庭中，妻子和老公应该是紧密的同盟关系，当婆婆对儿媳妇有不满情绪的时候，老公需要去缓和妈妈的情绪，也要去缓和妻子的情绪，要起到润滑剂的作用。老公先安抚各自的情绪，再想办法拉近彼此的关系。一个好的儿子，要让妈妈感到她并没有失去这个儿子，反而多了一个女儿，也要让妻子感到老公是站在妻子这边的，老公和妻子才是同盟军，夫妻一致对外，共同面对双方的父母。

其次，要树立边界。如果婆婆管得过宽，手伸得过长，老公就需要和婆婆说一说。在家庭序位中，一旦两个人组建了自己的家庭，现有家庭的重要性就高于原生家庭，夫妻关系重于一切的关系，也重于亲子关系。

一个男人，首先是一个丈夫，其次是一个父亲，然后才是一个儿子。如果夫妻双方搞乱了这个关系顺序，各种矛盾和冲突就会出现。好的家庭关系永远是这样的，你有你的小家庭，父母有他们的家庭。你和父母是彼此相爱的，同时是有边界的。这个边界并不会隔断母子亲情，而是要让母亲明白，你们各自有各自的生活，母亲应该回到她的家庭中，回到和她自己的丈夫的关系中，如果丈夫没有了，就要追求自己的生活。当然，母亲刚听到儿子的这些话时，有可能出现悲伤和愤怒的反应，但是等她接受了这个现实之后，就会接受儿子的建议，也会慢慢懂得把握好尺度，这样才有利于彼此长期的关系。

父母不管处在哪个阶段，处在什么年龄，都是有成长空间的。由于父母没有具备丰富的知识，因此需要继续接受教育。也许有的婆婆真的害怕分离，但就像小时候妈妈狠心把你送到幼儿园一样，你也有义务帮助妈妈变得更成熟，让妈妈学会接受分离，学会保持边界地去爱身边的人。

在现实生活中，有的老公往往处理得并不好，在建立夫妻同盟或者教母亲分离等问题上，要么逃避，要么愤怒施压。一个处理不好婆媳矛盾的老公，往往相对胆小，不敢承担责任，缺乏智慧。有的老公明明可以跟自己的母亲讨论，但因为夫妻关系不好，就会借着母亲对妻子的不满，变相地攻击妻子。

说到底，还是那句话，夫妻关系是家庭的定海神针。不处理好夫妻关系，婆媳问题和小三问题就会一来再来。

离婚时的姿态，是人格成熟的深度体现

有些明星的离婚大战闹得沸沸扬扬，离婚本来就是一件伤心伤神的事情，外加明星的私生活被媒体放大曝光，供人评论，更令人感慨心疼。一波三折的剧情，更是将婚姻的无奈放大到极致。一段婚姻到了分手的地步，根本无关是非对错，离婚时彼此的恶语相向和互相的举证指责才是婚姻最难看的样子。

离婚时，你真的明白这段婚姻的意义吗？

我身边有一位朋友，她叫小洁。我认识她的时候，她正在婚姻中饱受着痛苦的折磨。在她当初结婚时，她的很多朋友并不理解，因为从小到大都很优秀的她嫁给了一个很多方面并不如意的男人。她曾经有很多追求者，其中好几个人都比这个男人更优秀，但她还是义无反顾地选择了这个男人。婚后生活并不如意。她要在社会上打拼，同时要照顾年幼的孩子，她在产后一边要忍受伤口的疼痛，一边要承受老公以工作为由拒不帮忙的绝望。产后的那一年，她经历了人生非常黑暗的时期。她曾经告诉我，那是一种自己误吃了一颗老鼠屎而不能跟别人说恶心的感觉。

生活给了她一万点暴击，还好，小洁并没有被打倒在地。在婚姻中，如果一开始两个人彼此般配，那么婚后主要考验的是彼此的调和能力和宽容程度。如果婚姻一开始的地基就不平衡，再加上婚后两个人的成长速度不同，分手就往往是必然的结局。小洁离婚时的经历非常虐心，她先生的父母为了主张财产分配权，将她的女儿藏了起来，不让她们母女相见，以此来进行要挟。我听完她的故事后，真的好想把男方狠狠地揍一顿。小洁的表现给我好好地上了一课，在整个离婚过程中，她理智地面对官司，主张自己的财产分配权和抚养权，我从来没有听她说过这个男人的坏话。我问她恨不恨人品这么差的男人，她这样回复我："他真的很可怜，我比他幸运多了，因为我明白了这段婚姻对我的意义。"

婚姻的幸福究竟取决于什么？

婚姻的幸福与否取决于爱的能力和彼此内在成熟度的高低。很多人都缺乏爱的能力，可以通过后天学习弥补。比如，我们都要学习提升管理情绪的能力、表达感受的能力和共情对方的能力。只要伴侣中的一方愿意学习，并向另一方示范这些能力，只要爱还在，两个人就可以在关系中实现共同成长。如果两个人通过学习成长仍无法调适，那么婚姻的幸福程度就取决于彼此的内在人格了。因为这些人格的特质是在你认识他之前的几十年里逐渐形成的，想要在短时间进行深刻的改变是非常难的，也是相当痛苦的。

奇妙的是，两个人在最初相遇时，就是因为人格的匹配而走在一起的。

小洁天生敏感，父母对她的要求很严格，她需要经过很多的努力才能得到父母的夸赞，这样让她在内心中形成一种模式：我是不好的，我如果要得到爱，就必须足够努力。这种“我不够好”的模式给她带来的好处是让她在学业和事业上不断进步，同时让她在与别人的互动中，总是感觉到自己是低价值的、不被爱的，对方是高要求的、看不起她的。

这种模式让她在恋爱中一遇到合适的相处对象，就自觉退缩，拒绝别人。她完全可以和一个温暖成熟的男人进入婚姻，却偏偏选择了一个只顾自己的男人，因为在她的内心中与父母互动的模式很容易在同样浓度的亲密关系中被唤起，在她的潜意识中，冷漠比温暖更熟悉，更容易驾驭。

当这种模式被唤起时，她感到如此熟悉。因为从小到大，那个被爱和被伤害的感觉都是连在一起的，“我要接受母亲的爱，也要承受她的伤害”，所以她明明知道这个男人对她不如别的男人那样温暖，但是这种冷漠的感觉对她来说就等同于爱的感觉，在她看来，冷漠就代表爱。这些想法都是在无意识的状态下出现的。

我们拥有什么样的内在，就会吸引外部世界相似或互补的人来与我们形成关系，就像拉链一样，可以搭配在一起，尤其是亲密关系。很多时候，我们不能简单地将关系中的一方界定为受害者，将另一方界定为加害者，可能这段关系从一开始就属于施虐和受虐的关系。

从这个角度看，小洁最初选择她的先生其实是人格上的完美搭配。但问题在于，人格虽然难以改变，但仍是动态的。在追求幸福婚姻的这条路上，如果两个人都能滋养对方脆弱的内心，让彼此的内在人格变得更加成熟，共同学习爱的能力，那么这才是幸福婚姻的状态。

婚姻到了哪一步，才是真的走不下去了?

弄明白每段关系是如何形成的，搞清楚当初是由于自己怎样的人格特质才和对方走到一起的，这是反思婚姻的第一步。我们反思之后还需要自我成长，经过了自我成长后，是不是就代表拥有了幸福的婚姻呢?

答案是未必。

小洁后来离婚了，她离得很值得。在小洁自我成长的那三年里，我亲眼见证了她逐渐接纳并认可了自身的独特性。作为一个女人，她开始能够接受一个好好对待她和滋养她的好男人，并且内在充满了力量和价值感。小洁后来已经有能力去滋养身边的亲人，包括她的先生。只是与她相反的是，她的先生一直在原地踏步，而且由于内在的恐惧加剧，因此变本加厉地控制小洁。他眼瞅着自己的老婆一天比一天更有力量，他天天被恐惧感淹没，唯一能做的就是变本加厉地控制小洁，那是他从小就擅长的应对父母的防御方式。她的先生跟不上她的步伐，她能够认识到这样的关系对自己孩子的影响，浑身充满力量的她决定结束这段婚姻。在整个离婚的过程中，她没有表现出怨恨和争吵，哪怕对方采取各种威胁手段，她都在冷静从容地面对，那个“我不够好，我不配得，我没有力量”的女孩子不见了，她是用一种悲悯的态度完结了那段婚姻。

她告诉我，同样是站在民政局的门口，离婚时的她和结婚时的她，其实如同两个完全不同的人，她更喜欢现在的自己，所以她感恩这段经历，而且宽容那些伤害。

婚姻里的对错不重要，伤害也不重要，真正重要的是两个人的内在成熟度。如果两个人的差距越来越大，并且对方无意在人格层面做出任何调整，也不愿意成长，那么这个时候应该做的就是让婚姻止损。

“愿妻娘子相离之后，重梳婵鬓，美扫娥眉，巧逞窈窕之姿，选娉高官之主。解怨释结，更莫相憎。一别两宽，各生欢喜。”我猜写出这份离婚协议书的唐朝人士对婚姻有着清晰的认知和定位，没有把婚姻当作捆绑对方的枷锁，离婚时还能给予祝福，这是一种深深懂得后的慈悲。

恨一个人是用别人的错误惩罚自己。

原谅别人其实是解放自己。

婚姻的稳定程度最终取决于底层的人格结构

何满莉今年 37 岁，婚龄 10 年。她和先生是研究生同学，两情相悦，面对大城市的高房价，决定走入婚姻共同取暖。在婚后的生活中，除了要面对现实的柴米油盐以外，她还要面对很多理想的幻灭。她感觉自己的先生越来越不像婚前的那个人，他在婚前和自己无话不说，可现在他回家以后，总是泡上一杯清茶，不是看电视，就是打游戏。每当看到这种情形时，满莉都特别着急，经常追问老公到底有什么心事，她越追问，老公就越不说，一开始还好心逗逗她，到后来没了耐心，索性一转身就进了房间，还把门关了起来。

让满莉最痛苦的是在她怀孕期间，有一天早上，她腰疼得睡不着，歪头看见老公的手机有微信提示，便鬼使神差地打开了它。这是一个姑娘的早安问候，她是老公的一个同事，从对话上来看，两个人平时交流得非常深。满莉并没有去询问睡醒后的老公，只是在之后的相处中，老公一旦失去联系，她就不断地拨打电话确认，这样的事情发生得越来越多，后来当她连续拨打电话时，老公干脆关机了。那个孕期，满莉感觉苦不堪言。

满莉在事业单位做统计工作，怀孕以后，领导基本上每天只给

她安排半天的工作。也许是因为有了空闲的时间，满莉开始注意到单位里微妙的人事变化，于是参与了东家长西家短的背后议论。让她感到好奇的是自己变得过于敏感，领导随口说句话，她便觉得是在批评自己，然后跟同事抱怨领导对自己不公平。这样的办公室是非传得多了，领导准许满莉提前休产假，让她回家待产。

在产后第三年，满莉走进咨询室。在将近四年的时间里，满莉经历了产后抑郁、夫妻分居、长期休病假等事件。她说自己这十年，如同经历了一朵花枯萎的过程。

我们可以从满莉的身上发现，不管她的先生和同事做过什么，满莉都属于高敏感且低安全感的一类人。在紧密的人际关系中，比如在和伴侣的关系中，如果对方稍有风吹草动，就容易触发满莉内心不安全感的开关，她就会变得过于紧张，出现一系列防御行为，容易让对方产生不满、厌烦的情绪，久而久之就唯恐躲之不及。这样的情况也会蔓延到更多的人际关系中，比如职场。追溯满莉的成长史，她的身世很符合这类人的特征。母亲在生下她不久就离开她去外地打工，直到她上小学四年级的时候，带回一个再婚家庭的弟弟。父母之爱的匮乏和寄居在他人屋檐下的敏感，让她在婚姻中得到了充分的爆发。

不过，最初满莉的先生对待满莉的态度也是问题的诱因。如果满莉嫁的是一个擅长沟通且懂得给予妻子安全感的人，她就会在长期的婚姻生活中得到滋养，人格就会越来越稳定。

早期的成长决定了每个人的人格基础

在生活中，有些人的情绪很容易被激惹起来。比如，走在路上，同样被骑自行车的愣头小子碰了一下，有些人觉得无所谓，转个身就走了，有些人的外显行为就会特别强烈，不依不饶，恨不得让人家把全部家当赔给他。确实有这样的一部分人，他们并不是存心敲诈对方，而是触发了内心的不安全感。他在被撞的那一刻被唤起了很多曾经受伤害的经历，那些经历带给他的情绪又让他加倍地算到眼前的这个人身上。我们会发现，被撞后觉得无所谓的人，他的内在安全感是比较充足的，而被撞后觉得出大事了，觉得自己是天下最倒霉的受害者，他的内在安全感是非常缺乏的。

我们不必去评判这些人的人品好坏，因为往往这种缺乏安全感的人，都有一个令人同情的过去。

从精神分析的角度去看，0~3 岁这个阶段的核心议题是要建立基本的依恋和安全感。如果在这个时间段内，孩子的基本依恋建立了，那么他在成年以后就会拥有比较好的人际关系，因为他的内心有充足的安全感。如果在 0~3 岁这个阶段，他要吃奶却没有吃到，要想拥抱却没有得到拥抱，就容易造成小婴儿情绪崩溃的状况。

如果母亲能够及时给予孩子保护的话，孩子就会健康茁壮地成长起来。如果孩子没有得到母亲足够的保护，那么虽然能顺利地长大成人，但他的内心仍像小婴儿一样，一旦遇到一点点刺激，就会产生整个世界都要崩塌和情绪崩溃的强烈体验。也就是说，在成长的初期，如果一个人没有被保护好，他的心理发展水平就会固着在那个年龄阶段。

当再长大一些后，孩子可能需要发展出一定的攻击性，需要表达自我和独立的主张。孩子需要借助拓展边界，慢慢地将攻击性表达出来。在这个过程中，如果他的父母常常贬低他，不允许他表达攻击性，并且伴有太多的指责，那么孩子无法表达攻击性，就可能变得畏缩、逃避，或者习惯讨好别人，就像满莉的先生一样，遇事常常逃避。在不同的心理、生理发育阶段，每个人都需要完成相应的成长任务。如果一个人卡在某个阶段，他的人格就会形成一个漏洞，就会影响成年后的生活。

婚姻问题的解决策略

从何满莉的例子中，我们可以看出她存在以下几个方面的问题：她与先生的沟通是不顺畅的，她的内在人格是不稳定的，她的婚姻是不能支持和滋养彼此的。对应这三个方面的问题，我提供了以下的解决步骤：

第一，解决沟通层面的问题

婚姻如果维持不下去，那么八成存在沟通的问题。普通的人际沟通与亲密关系中的沟通并不相同。我们一直认为会说话就是会沟通，其实不然。亲密关系中的沟通有许多的技法和诀窍，我们如果不学习，就很容易陷入惯性的盲区，经过日积月累就会产生很多误会。

第二，对自我进行人格探索和疗愈

如果我们解决了沟通问题，仍然发现自己总在某一类问题上反复纠缠，那就说明在那类问题的背后存在着以往的创伤，那些创伤可能深埋在潜意识里。如果我们不去面对和疗愈这些创伤，这些创伤就会经常在我们的生命中跳出来折腾我们。很多夫妻之所以无法继续共同走下去，是因为他们都不愿意去探索和成长。

第三，共同成长，发展出同理心和共情能力

我们只有学会了亲密关系的沟通方法，发现了自己存在的问题，慢慢地进行自我成长，才能学会换位思考。我们只有先理解自己，才有可能理解对方。我们如果明白了对方某个行为的背后，埋藏着他的创伤和脆弱，就不会轻易去触碰那些地方，也就是拥有了同理心。如果我们能和对方谈谈他内心的创伤和脆弱，在理解对方的基础上做到共情，那么对方就会在我们的情感滋养下慢慢地发生改变。

在以上三步中，最难的是第二步，要解决人格层面的问题。在人格层面，如果是我们先意识到自己的问题，不管我们的婚姻目前处在什么状态，我们都应该先将注意力从自己的婚姻问题上移开，专注于个人成长。我们都有这样的人生体验，如果在 30 岁回头看在 20 岁碰到的问题和痛苦，就会觉得当年的那些事儿都不算事儿。要给自己信心，等到个人成长后，我们就会有智慧去解决从前滞留的问题。通常情况下，伴侣会随着我们的成长而发生相应的改变，曾经的问题就可能自然地得到解决了。在我们成长后，即使我们的伴侣仍然在原地不动，我们也会变得更有力量，能够明白自己需要怎样的婚姻和怎样的伴侣，而不是把时间浪费在情绪的消耗上。

每个人都有过去的伤痛，那些伤痛就像人生的遥控器一样操纵着我们的婚姻、事业、人际关系等生活的方方面面。不要把这个遥控器放到别人的手上，我们只有看见自己底层人格中的核心情结，通过疗愈和成长后，拿回我们生命的自主权，才有力气谱写自己的精彩人生。

在亲密关系中，越成长，越幸运

1

大林是我的小学同学，当我们再相逢时，他小时候肉乎乎的脸已经变得棱角分明。大家参加同学聚会时大多拖家带口，唯有他形单影只。大家在席间交流各自的工作时，我注意到大林对我的职业很感兴趣，果不其然，在饭局结束后，他来找我了。

我弄清了他的问题，初婚失败后，他陆续交往过三个女朋友，一直没有再次进入婚姻。他的语气里充满了对自己人生的失望和对女人的仇恨，我能感觉到他需要帮助的心情。我问他是否自己总结过原因，包括第一次婚姻失败的原因以及之后的恋爱难修正果的原因。

可能因为我对他的印象还停留在小时候那个可爱敦实的小男孩的形象上，当他说出“她离开我的时候，带走了我所有的活着的价值，我这十年来天天都想着怎么让她付出代价！”时，我浑身的汗毛都为之震颤了一下。

冷静了一下，我问他：“如果让你在自己活得开心和让她活得悲惨之间做个选择，那么你宁愿选择后者吗？”他沉默着，用力地紧闭着双唇。

美国心理学家 Carol Dweck 在《终身成长》一书中提出了两种思维模式：僵固式思维模式（fixed mindset）和成长式思维模式（growth mindset）。具有僵固式思维的人会努力地证明自己，具有成长式思维的人会努力地发展自己。证明和发展有着微妙的差别。显然，大林内心的复仇情结属于僵固式思维，他要努力证明自己是一个受害者，证明对方离开他是一个严重的错误。一个具有成长式思维的人，在面对一段让他伤心的感情时，会懂得一个道理，理解对方就是宽恕自己，不会用以往的错误来惩罚自己未来的人生。

经济学中有个名词叫沉没成本，当伤痛已经发生时，成本已经出现，我们如果仍要背负着这个伤痛，继续惩罚自己的人生，就说明主动给自己的未来增加成本，不管后续的人生有没有收益，我们快乐的利润都会被痛苦的固定成本吃掉一部分。何必呢？

2

很多女性朋友问过我：“我知道自己需要成长，但关系不是我一个人的，他在原地不动，我的成长有意义吗？”

的确，在亲密关系中，我们除了要把自己的思维模式调整为成长型以外，还要考虑两个问题，那就是你的伴侣和感情本身。你可以认为自己的特质是固定的，伴侣的特质也是固定的，你们的恋爱关系的特质也是固定的，也可以认为一切要么好，要么坏，人生注定如此，或者注定不是如此，但是问题来了，这样的人生还有什么意义呢？

真正具有成长思维的人，认为一切都可以变化，不仅我们自己可以成长，我们的关系，甚至我的伴侣都可以成长和改变。

不少单身女孩子抱持这样的信念：如果一份感情需要我为其努力，那就说明它不属于我。

我能理解这种想法，很多感情一开始就很虐心，结果虐了很久后两个人还是分手了。这就是大家头脑里对“努力”的理解，可这恰恰是僵固式思维模式的表现。两个人都在用力地硬碰硬，都在用原有的模式去说服彼此，让对方为自己妥协，最终除了伤痕累累还剩下什么呢？

关系的经营是需要努力的，而且需要带着成长式思维去努力，我愿意为对方和这份关系去调整自己，这才是成长的表现。

一个女性朋友曾跟我分享过一件事。有一天，她和她的老公坐在一起，两个人沉默了一会儿，突然她的老公开口说了一句话：“我需要多一点儿空间。”当时她的内心百转千回，担心自己的老公是否变心了，是否已经不爱她了，回想老公最近有没有外遇的迹象，一幕幕在头脑中上演。她最终镇定了一下，问道：“你说的空间是什么意思？”她的老公头也没抬，回答道：“你坐过去一点儿，我这儿没地方了。”

在关系里，可以多问对方一句：“你表达的是什么意思？”这就代表了我们在运用成长式思维，不会将自己的思想固化。多问一句话，表明我们在成长，也能让我们的关系变得更好。其实有很多关系都是葬送在僵固式思维上。

伴侣双方都应该对关系负责，伴侣的其中一方可以先行动起来，让关系发生改变。

3

我的一个咨询师朋友告诉我，他总能遇到一些有大男子主义倾向的男人。这样的男人在刚新婚的时候，会自豪地说："我媳妇什么都干，我娶她就是看中了这一点！"再过几年，这些男人就会去问心理咨询师："为什么我妻子和我不再有性生活了？"

在一段关系中，其中一方如果总想着占便宜，那么肯定会在别的地方蒙受损失。对于要承担的家庭责任和要扮演的家庭角色，两个人要坦诚地彼此沟通，你以为对方应该做的事，也许对方并不愿意做，比如家务事。在现代的婚姻分工中，没有人应该做什么，另一个应该不去做什么，我们要清楚地表达出自己的价值观和态度。

对于这位朋友跟我说的案例，我深有体会，我在工作中发现，有些女性朋友很不擅长主动用语言和老公沟通自己的想法和感受，总是以"我为你做了什么，你自然应该为我做些什么"作为默认的信念。在关系中主动地表达自己的需要和请求，就代表着你在为你们的关系做努力，你希望对方能满足你的需要，共同让这段关系得以成长。

我的一个女性朋友每次在生日之前，都会把自己选中的昂贵礼物的链接发给自己的老公。在刚结婚时，他的老公有些惊讶，她却说："我很看重生日，一年就过一次，我希望你能用这种方式来表达对我的爱。"她的老公从此没有让她失望过。

敢于把内心的需要表达出来，其实是在给关系机会。爱需要用行动做出来，也需要大声说出怎么做。

如果双方都不愿付出努力，那么这样的两性关系往往是难逃一死的。双方需要努力才能够进行正确的沟通，而且努力要建立在彼此都想改变自己和修复关系的基础上。我多问你一句话，你多为我做一件事，只有通过这样的努力，才能了解对方不同的想法，才能满足对方的期望，才能让对方有更多的机会来爱自己，才能让你们的关系越来越幸运。

世界上没有哪对夫妻不付出努力就能永远幸福快乐地生活在一起，有的只是他们永远幸福快乐地为双方的关系而努力。

06

第六篇

如何达到最高境界的亲密关系？

凡真实的，未必能真正相遇

在最近参加的一个心理动力团体中，一个话题引起了深入的讨论。提出话题的是一个聪明的“90 后”姑娘，她大胆地质疑参加团体的成员们过于温情，对真相的穿透力不够，她担心成员之间因为过于照顾对方的感受而不敢对对方直言，她觉得对对方直言才能真正帮助对方。她反复地提到一句话：“凡真实的，必会相遇。”言下之意就是：“你们如此照顾对方的感受，怎么能对自己有帮助呢？心理治疗的首要前提就是真实啊！”

她的一席话瞬间引起了场内的骚动，有共鸣的，也有质疑的。其实我很认同她所说的“相遇是以真实为前提的”。人们如果不能真实地面对他人，就容易出现人际关系问题，比如回避、猜忌等。一个人如果长期不能真实地面对自己，就会出现很多心理问题，压抑久了可能出现抑郁。

只有真实就够了吗？血淋淋地撕开伤口就能将伤口治愈吗？

真实的定义

我曾经读过一个故事，一位男士来到公园里，看到一位姑娘坐在长椅上，他也在长椅上坐了下来。几分钟后，他向姑娘靠近，姑娘慢慢躲开，她越是移开，他就越靠近。最后，美女把他推开。这位男士双膝跪地，对姑娘说："我爱你，我从来没有像爱你这样爱过其他人。"当听到这句话的时候，这位姑娘像被麻醉了一样投入了对方的怀抱。过了一小时，这位男士突然起身，对她说："我得回家了！"姑娘很惊讶地问："什么？你要离开我？你不是说你爱我吗？"这位男士说："没错，我爱你，但我的太太在家等我。"

我们先不讨论这个男人的品质问题，只思考一下如何从真相的层面去定义"爱"。我其实并不怀疑这位男士的"爱"，他在看见姑娘的一瞬间，记忆中"爱"的感觉就被唤起了，他认为这就是"爱"的真相，于是他表达了出来。每个人认为的真相其实取决于他自己的认知和经验。究竟这个真相是什么呢？在这里，"我爱你"的真正意思似乎是"我想要满足自己的一些需要"。

对于生活中的起心动念，我们每个人如果都能穿透表面看到自己的内在真相，就能保持对自己的诚实，这是看见真相的第一步。如果这位男士说"我需要你来满足我"，那么他们俩还能相遇吗？

如何才能相遇？

我们再来谈谈“相遇”这两个字。从字面上看，能相遇的必然是来自不同方向的两个人，方向相对，才有机会相遇，在同一个方向上一起走的人压根就无法相遇。所谓的相遇是指不同的人之间的遇见，不管是方向不同，还是人种不同，还是观念不同。

生活中经常有下面这样的对话。老公在晚上吃饭时，尝了一口菜说：“这鱼咸了！”老婆立即说道：“你怎么这么多事？你每天什么事都不做，就知道挑刺！”老公马上摔筷子：“我每天累死累活的，你怎么不说你每个月花那么多钱买衣服啊！”

两个人的表达够真实吧？在吃饭的问题上遇到一起了吧？但通过他们俩的对话可以看出，他们俩的心灵显然没有相遇。他们从鱼的味道咸了这件事扯到了另外的事，再扯出别的事。他们的回答都没有对应的提问，从对话的层面上来说，两个人并没有相遇过，更别说心灵深处的相遇了。

类似的例子在生活中比比皆是。

除了真实，相遇还需要什么条件？

不可否认的是，真实的确是相遇的前提，在生活中卖弄或伪装自己，或者欺骗自己，都是在浪费自己和对方的时间，但真实并不是相遇的充分必要条件。

想象一下，一条河的两边分别站着一个人，他们都赤诚相见，没有隐瞒，而且方向相对，都要过河，他们要如何才能相遇呢？我

想起码要有座桥吧。就算有了一座桥，他们俩在通过桥梁的时候，也有可能擦身而过，又如何让他们俩相遇呢？

真正的相遇，需要有像桥梁一样的承载，也需要有一颗愿意理解对方的心。

我们如果彼此坦诚，并且对对方很感兴趣，就会展开很多真实的讨论。也许我们会突然发现彼此的观念非常不同，于是结束话题，分道扬镳，从这个层面上来说，我们还是没有相遇。我们如果能够带着足够的好奇心，以一种近乎无知的态度去了解对方，就有可能因为了解了对方更多的背景故事，所以能够理解对方为什么会有与自己大相径庭的观念。正是由于这份理解，从内心生出了深深的慈悲，在这份“我懂你的这种感受”的承载里，我们俩在人性的最深处相遇了。

在心理治疗中，就是在这个环节，在被深深理解的这一瞬间，来访者内心的伤痛开始慢慢得以疗愈。

真正的相遇在生活里其实无比简单：

老公：“这鱼咸了！”

老婆：“呦！还真咸。我放的盐和以前一样多啊，怎么就咸了呢？”

老公：“盐有什么变化吗？”

老婆：“哦，对了，我换了一个牌子的盐！我知道了，以后减半。”

这才是两个人在一个话题上的相遇，我的回答都是针对你的提问继续深入推进的，而不是转移话题。

我们如果想推进得更深入些，就可以这样说：

老公：“你不是喜欢盯着一种牌子买吗？怎么想起买另一种牌子的盐呢？”

老婆："最近你这么忙，我想给你换换花样补补身体，所以就尝试了很多新东西，结果大大小小的都给换了。"

老公："你不说我还真不知道呢，老婆辛苦了。其实能吃到你做的红烧鱼，我就感觉很幸福了。"

在这一刻，我相信这对夫妇在体谅对方的不容易时，他们的内心都得到了深深的滋养。

这才是真正的相遇。

当在跟伴侣沟通的时候，我带着偏见傲慢和自以为是，就算真实地表达了自己的观点，也只是自己过瘾而已。生活中有很多暴力沟通，都不是为了告知对方，而是为了自己爽。我们只有在真实的基础上，能够更多地放空自己，倾听对方的声音，并且懂得对方在说每句话背后的不容易，这样才算是在人性上与对方相遇了。

我们每个人都在独立的旅程中体会着生命的意义，体会着孤独和终将消逝的无奈，所以更渴望有人陪伴。这需要我们放下自以为是，放下抗拒的姿态，放下对别人的敌意，同时需要放下的是，我们一直小心翼翼地保护着的脆弱的自己。当我们在不确定中探索着去接近对方时，当我们蹒跚前行，试图突破自己的局限时，当我们想方设法地放下自我防卫，以便深入地了解彼此时，真正的联结才会发生。

在人性的最深处与对方相遇，我们会因为这份相遇而得到深深的滋养，这正是疗愈彼此内心创伤的魔法。

我对你最好的支持就是：你的痛，我懂！

在普吉岛海边晃了两天，总有晒得黝黑的泰国本地人请我们去坐海上降落伞。同行的旅伴蠢蠢欲动，我感受到了内心的胆怯，就一推再推。转眼快到了离岛的日子，我给自己鼓了鼓劲，和我的小伙伴付了钱在岸边等待“升天”。

我们坐进了降落伞配备的保护装备里，终于轮到我们了，可我还在紧张地与当地人沟通确认一些细节，还没等我反应过来，我们就“嗖”的一下被拉上了天。瞬间，脱离了地心引力的我，突然意识到自己并没有将整个屁股“坐”进安全装备里，只是留着小半截在里头，并且由于风的力量，我感觉这小半截也要被吹出来了。意识到的那一刻，我感觉自己全身都僵硬了，两只手本能地死死抓着绳索，嘴里叫着：“不行，我的屁股没坐进去！”坐在我后面的伙伴吃了一惊，快速对我说：“你先别紧张，咱们都绑着安全带，肯定是安全的。”

我的大脑一片空白，完全没有心思欣赏眼前的美景，两眼空洞而紧张地瞪着，我本能地知道自己是掉不下来的，只是内心的紧张完全不由自主。我要怎么处理我的恐惧呢？我的大脑里灵光一现，我开始闭上眼睛，将所有的注意力都放在呼吸上，尝试做一个简短的自我催眠，让自己慢慢地稳定下来。说实话，此刻我只是转移注意力让自己一点点挨过那一分一秒的时间而已。

当我的双脚触地的那一刻，我的心才落到了地上，脑袋里只有一个声音："天知道我都经历了什么！"作为心理从业者的我当时在想，总有一天我要再来坐一次，好给自己一个疗愈的机会。

可没想到这个机会并不需要等到下一次，它以一种我没有想到的方式转眼就来到了我的面前。

在从普吉回国的飞机上，凌晨四点的航班刚刚起飞，我很快进入了梦乡。蒙眬间后排有些嘈杂声，似乎有人在喊着救命之类的话，随即广播里就听到寻人启事："请乘客中有内科医生的来找一下我们，我们需要你的帮助。"于是我本能地竖起耳朵听着后面传来的动静。

一个姑娘在用颤抖的声音诉说着，由于飞机起飞颠簸得太厉害，她感觉恶心、胸闷、心跳加速、四肢发麻无力。空乘人员在旁边询问并安慰着她，显然这个姑娘的情绪完全无法平静，越说越激动。当得知姑娘并没有心脏病史的时候，空乘人员安慰了一句："你如果没有心脏病，就可能是太紧张了。"结果姑娘的情绪越发激动，极力否认自己是紧张造成的，一再肯定自己心脏有问题，语无伦次地询问飞机现在在哪里，到达上海还需要多长时间，能不能飞回普吉岛……

接着传来姑娘母亲严厉的声音："好了！坐个飞机这么折腾干什么？不就是颠两下吗？你不要这么虚，你安静一点儿，不要打扰别人睡觉了！"

听到这样的声音，原本还在恍惚的我突然清醒了，本能地站了起来，转过身看着眼前的这对母女。满头白发的妈妈既着急又嗔恨地看着自己的女儿，手足无措地抚摸着女儿的胸口，嘴里还在不断地数落着。20多岁的女儿面色苍白，瘫软在座椅上，显然是受了惊吓后的反应，听到妈妈的斥责后，她一个劲地摇头诉说自己真的很难受，声音里带着哭腔。

除了姑娘的声音，其他人都处在沉默。显然，谁都不愿意让别人说自己心理有问题，更何况这个姑娘此刻确实是心理紧张触发了躯体症状。于是，我脱口而出："你这个情况我曾经有过，我们的心脏虽然没有问题，但功能不是特别好，所以在这种情况下症状就会被激发出来。我以前经常这样，我来告诉你怎么办。"姑娘听到这句话时，眼睛瞬间亮了一下，抓住了我的手："真的啊？你出现过这样的情况啊？那你一定知道这种感觉的！"我点点头，坚定地告诉她："放心，按我说的做，一定会好起来的！"

身心总是会互相影响的，无论如何，此刻我都要将姑娘的情绪安抚下来。

我对她身边已经在第一时间到位的空姐说："你先把她放平，然后按她的膻中穴。"并用手示范她胸前膻中穴的位置，姑娘在被按到的那一刻发出了一声惨叫，我立即说："对的，就是这里，这里痛就是心脏不舒服的原因。现在咱们把它揉开，心脏就舒服了！"

随着空姐用心地揉按，姑娘一声声地叫着，我马上暗示她："你什么也别想，只想着胸口的这个痛，会感觉越来越轻松，心口越来越开，心跳就会越来越平稳了。"姑娘慢慢地点头回应我。看她变得平稳些了，我对她说："这样，随着这个姐姐的每一次揉按，你就深呼吸，把胸口闷着的气都深深地吐出来……”这位空姐非常耐心，一边不断地舒缓安慰姑娘，一边劳心劳力地揉按。由于前面建立了信任，姑娘此刻完全配合我的指示，我随着她胸口的起伏带领她做着深呼吸，并指导她可以大口咳嗽，在猛烈地咳嗽后，姑娘的脸色已经恢复正常了。

这时，后排有一位大婶突然站起来，严厉地说：“你不能这样安慰她，她这次好了，下次坐飞机还会再犯的！她的这种情况属于心理问题，既然是心理问题，就要勇敢地去面对！”我此刻简直无语了。

果不其然，刚刚平稳下来的姑娘，一下子又开始紧张起来，对着后排的大婶喊：“不是的，我的心理没毛病的，我有心脏病，我真的有心脏病。姐姐，你说你和我一样的，是不是心脏病啊？”我赶紧点头肯定：“对啊，我们的心脏功能的确有些弱，遇到特别的情况就会不舒服。我知道这种感觉，没有经历过的人可能不太明白。现在，你看着我再来深呼吸，再多做几次就好了，肯定会好的！”

我给旁边站着的安全员递了个眼色，请他帮忙让那位大婶别再说了。

姑娘再度平稳下来。我跟空姐说：“我们已经把膻中穴揉开了，接下来把腋下的心包经揉开。”再询问姑娘是否有痛感，她说痛得不得了，我就再次加强，越痛越要揉，越揉就越通。当按手窝处的心包经时，姑娘已经完全平静，恢复正常了。

四个小时后，飞机落地，姑娘向我表示感谢，并问我是不是医生或者相关的从业者。我想了一下告诉她我不是医生，我和她一样，都是心脏功能不太好的人，我们平时要注意急救预防和心脏保健。

目前很多人对心理问题的认知还有盲点区，人们宁愿接受自己生理有瑕疵，也不愿意去面对自己心理上的恐惧。这是一条漫长的认知道路，也不急于一时说明白，更何况身心本来就互相影响，谁又能说得清楚究竟最初是谁影响谁呢？

我曾经在海上降落伞上受到了惊吓，因为这次帮助他人而疗愈了自己。在每一次的呼吸和暗示中，我将残留在自己身体里的恐惧慢慢地释放了出来，无比轻松。这就是这种职业的魅力。在咨询室里也是如此，来访者正在经历着痛苦，如果我有过类似的经历，那份因为懂得而生出的共情就会特别有力量。共情本来就是我们咨询师的基本功，如果我因为深深地懂得而产生共情，对方就能感受到被抱持和理解，这份抱持和理解就是对眼前这个生命最好的支持，可以支持他激发自己的潜能去做进一步的探索。咨询师在这个过程中，也能体验到与自己的和解。

看完这个故事后，你能有所启发吗？在这样的危急时刻，你有没有说过和那位妈妈或那位大婶一样的话呢？你如果处在这样的危急时刻，是不是需要身边的人对你说“你的痛，我懂”呢？

把我们内心需要的给出去，不加评判，没有指责。

这不是简单的安慰，而是深深的慈悲。

社会需要如此，家庭更需要如此。

好关系需要用心用情不用力

近日在邓婕六十岁的生日宴上，我们看到了为爱妻一手操办宴会的张国立，还有他大段的爱情告白，闻者皆为之动容。在他们的爱情故事里，我们看不到某些演员夫妻那样夸张的作秀，他们的恩爱在相互的成全里，在彼此的眉梢间，更在安静温暖的用心陪伴中。

用心用情不用力的态度，应该就是白头到老、相濡以沫的秘诀吧。不用力，对于一段好的关系来说，是多么重要。

我的一位学员最近跟我分享了这样的一件事：在学习了如何用正确的方法进行夫妻沟通后，她给自己定了很多严格的指标，比如：我今天要陪老公说话三十分钟以上；我要夸老公十遍以上；夫妻要保证早晚八分钟的爱的语言互动。然后每天忙于跟踪这些指标的完成情况，于是陷入了新一轮的焦虑，因为很多指标没有完成，所以感觉没有改变，增加了挫折感。

另一个学员紧接着分享了她的心得：她发现自己曾经有很长一段时间和母亲处于对抗的状态，现在终于放下了对抗，明白了母亲其实很不容易，于是想做些事情让母亲高兴。她为母亲添置衣服，带她旅游，一起享受美食，一旦发现母亲陷入了低落的情绪，就马上想出好多方法来逗母亲开心。但似乎这一切都是徒劳的，母亲依然不快乐。她总感觉母亲依然没有放下以前的事情，这让她感到很内疚。

直到有一天，她的母亲在听完女儿跟她说的笑话后，温柔地对女儿说："孩子，我这个人一辈子都不怎么快乐。我知道你在努力地让我快乐，可是我做不到。我还是习惯过我本来的生活，我没办法享受那么好的东西。我只有过原来的生活，才觉得踏实。"

这个学员说，在那一刻她突然明白了，其实自己这么用力地做那些事，只是想执着地证明给别人看，从而让自己感觉好些，却没有看见对方真正的需要。

当开始向内看时，我们很容易进入一种状态：哎呀，我不好，我要好好地改造自己！于是产生了一个有趣的现象，以前我很用力地犯错，现在我很用力地改错！

我们从小被教育做什么事都要努力，哪怕在自己已经坚持不住的时候，还要再坚持一分钟，突破自己的极限。我们还用实际行动印证了这一点，通过努力得来的东西才是最踏实的，唯有努力才可能出人头地。看看我们的房子、车子，哪样不是这样得来的。于是我们还要努力地去对待爱情、婚姻和亲情。可是，这回我们碰壁了。

在与情感相关的领域，我们如果使用习惯的"努力"模式，越用力，就会越失望。太用力的爱，不仅让自己很累，也让对方很累。人只有在遇到阻碍被弹回来时，才会反思自我。于是，我们去寻找解药，反省自己到底错在哪里。

幸运的是，现在各种心灵成长的书籍和课程货源充足，很多朋友找到了答案：原来我的亲密关系之所以不好，是因为我沿用了妈妈对待爸爸的不良模式；原来我对我的妈妈怀有那么多的愤怒，自己却一直没有看到；我要学着和我的妈妈和解，接受她的局限性，走我自己人生的道路。

以上这些都属于意识层面的认知。如果我们只将认知停留在大脑中，我们的行为就有可能没跟上成长中的认知。比如身体只是简单地接收到一个指令："要多和妈妈沟通。"于是，身体仍在原来的冲力下向右转舵 180 度，全速前进。

殊不知，原来就错在"太用力"！

我们如果在关系中太用力，就会增加彼此的压力。我们的内心仍然像个孩子一样，以为只要努力就会得到相应的回报，即使碰壁了，我们也认为以前的努力只是方向错了，只要调准方向继续努力就可以了。更要命的是，有些人急于求成，还要用双倍、三倍的力量去弥补。其实在原来的错误里，就包括方向和力度。我们如果在正确的方向上加倍用力，那么不但会在无意中抬高自己对结果的预期，也会给对方造成压力。

也许在对方看来，我们努力的目的是想改变对方。想改变对方代表对对方的不接纳。对方即使知道你是在弥补曾经的错误，也不愿意看到你不接纳他的现状。

我们如果没有觉知，就很难停止用力。因为人越用力，就越想得到及时的良好反馈。我们如果将错误的方向改变一下，肯定就会很快得到正向的反馈。比如原来天天对老公骂骂咧咧，现在一下子将责骂变成了欣赏和肯定，老公对你的态度当然会马上变得温柔起来。这样间接提高了对正刺激的需求，跟上瘾一样，我想要一个更温柔的老公，所以我要拼命地夸他。

但是，加速度并不一定能达到期望的结果。对方甚至有些烦了，两人的关系似乎又陷入了原来的疏离。于是，纠结、恐慌就变成了太用力的副产品。太用力不但没有得到预想的效果，而且会让事情变得更糟。

不要总想改变对方，不要过分执着于形式，不要过度追求结果，这是维持好关系的不用力法则。

在正确的方向上，我们应该用哪种正确的方式呢？

平常与伴侣交流时，我们能先放下自己的评判心，全身心地倾听对方的言语吗？他说这句话的感受是什么？这种感受的背后是一种怎样的信念？他基于什么样的需求说这句话的？我们要带着一颗真诚的心去与对方沟通。

很多夫妻对我说："他（她）在吵架的时候什么恶毒的话都能说得出！"我们觉得对方恶毒，很多时候可能是因为我们没有用心地倾听对方。我们每个人在应激的环境中，都会说出很多过激的话，一方面是让自己过嘴瘾，另一方面是在进行自我保护，明明知道伴侣的痛点在哪里，一定要精准地说到对方的痛点上。这是一种什么行为呢？我们只是在掩饰自己的脆弱而已，也就是在表达：我比你狠，所以你别再来欺侮我了。

这个方法，我们的伴侣也会用。你如果是一个用心的伴侣，就能够在对方这些攻击性话语中听出对方内心的脆弱，就不会像他一样，以其人之道还治其人之身。

当不执着于表面的字眼，从他的话语中看到了他的防御，看到了他的脆弱时，你就具备了同理心。心理学上把感同身受、可以描述出对方感受的能力叫作共情。共情是用情不用力最好的体现。

当你下班回家跟伴侣倾诉在工作中的苦恼时，他如何回应你呢？

“这有什么呀，这很正常！你别这么脆弱嘛！”

“具体是怎么回事啊？他怎么说你了？你当时为什么这么回答啊？你怎么不辩解啊？”

“你不理他不就完了吗？犯不着跟他们计较。”

“工作就是这样，哪有什么一帆风顺，你要学会看开一些！”

我相信以上任何一个回复都会令你很心塞。为什么呢？因为对方不是在扮演专家，就是在乱打听。这些回答让我感觉到，他看不见我真正的感受，他不懂我，也不理解我。久而久之，我就不愿意再跟他分享我的心事。

亲爱的，你在生活中会这样做吗？

你好像在很用力地帮助对方解决问题，但对方并不需要你如此用力。如果你这时只是简单而温暖地说一句：“遇到这样的事，你心里一定很憋屈吧？”既不是在用力地教导对方，又读取了对方的感受，让对方感觉你真的很懂他，那么你们的关系能不好吗？

一杯茶、一盏灯、一个拥抱、一句轻声的问候，都不需要我们花多大的力气，却无一不渗透着我们浓浓的深情。

爱情和亲情是这个世界上最值得珍视的感情，正因为我们珍视，所以承载着过多的压力和过高的期待，往往会导致期待落空的失望。轻松些吧！真正好的感情，从来不是靠我们用力得到的。好的关系只需要我们轻松、用心、用情地去经营。

07

第七篇

如何真正地爱自己?

你是传说中的渣男收割机吗?

在录制一个心理类电视节目时，我认识了活泼开朗的伊娃。她是作为网红来客串这档节目的，她有着高挑的身材、亲和的笑容和得体的举止，初次见面时我对她颇有好感。接触了几次后，我熟悉了她的脾气，感觉她是一个很仗义的女孩子。如果剧组里有人被导演数落了几句，节目录制完成后，我就能看到她走到那位工作人员身边安慰几句，甚至还会给对方买瓶饮料，这些日常的小细节让人觉得倍感温暖。从工作的角度来说，她能得到工作人员更多的照顾，是属于情商高的那类人。

一次偶然的机会让我发现事实并非如此。

那次录制的节目主题是如何应对渣男。一开机她的表现还算好，但越往后越有走神的现象。节目录制完以后，我上完洗手间回来走错了房间，意外地听到她在用很大的声音打电话，而且看到她一直在哭泣。

“周老师，我想和你聊聊。”她刚才看到了我走错房间，打完电话就找到了我。

我这才知道，正值花季的她，在感情上经受了挫折和打击。她的几段恋情的开始、过程和结局都无比相似。她遇到了一个对她很好的男人，哪怕那个男人在别人眼里算不上什么“好男人”，但对于她来说，只要对方对她好，她就认为对方是个好男人。在每段恋情中，她还没有全面了解对方的情况，就急于坠入爱河。恋爱三个月之后，情况就会发生变化，对方开始不接她的电话，或者她撞见对方和别的女孩在一起，还有男人不断地向她借钱，以至于她负担不起。也就是说，她总是能够遇到“渣男”。她说自己非常怀念恋爱初期的美好，于是一次次妥协，期望能和对方回到最初的关系里，但总是越来越失望。她觉得最不能理解的是，每次最终的结局都是被对方抛弃，可明明自己已经做到了别的女孩根本无法做到的完美。

“你是真的爱这个人，还是想一再证明你是个好姑娘呢？”我问完她这个问题后，她张着嘴愣了半天。

在生活中，很多人有这样的情结：我是个好人，如果你和我在一起，你就会变好。于是在恋情的开始阶段，不幸的种子就已经被埋下了，甚至可以说，具有这样情结的人会刻意寻找那些生活上有很多问题的人，比如找不到工作或不愿意工作的人，或者是酒鬼、骗子等。就好像那部电影《被嫌弃的松子的一生》中的松子一样，她看上去很倒霉，总是遇人不淑，但其实都是她自己潜意识里的选择。

随着恋情的发展，不管对方的情况有多么糟糕，甚至动手打人，不断欺骗，有这样情结的人还是不愿放手，她们相信只有自己能抚平对方的创伤，能解决对方的问题。她们相信自己只要有足够的爱，再关心体贴对方一些，就一定能挽救情人于水火之中，开始全新的浪漫生活。

她们像救世主一样活着。

救世主的核心情结是什么？是为“被需要”而活。

从人性的角度说，一个人如果有能力帮助别人解决问题，就能获得满足感和存在感。一个具有救世主情结的人，她的信念就是拯救渣男，这是她用以证明自身价值的手段，久而久之，甚至变成了自己生存的理由。一旦“被需要”的感觉被唤起，而且解决了对方的问题，她们就会感到自己非常崇高。如果这种崇高感成了一种习惯，那么不但渣男会依赖她，她自己也会对这种感觉上瘾，直到把自己掏空，实在满足不了对方时，就会惨遭被抛弃的命运。

在这个过程中，她真的看不到对方的坏吗？未必。更多的原因在于，她长期无视自己的需求，努力证明自己的与众不同，觉得自己不配得到更好的男人。

由于她总是忽略自己的需求，因此对方总是提出过分的要求。她的伴侣恰恰善于利用她的这个特点做文章，如果发现她对自己的救助和同情之心满足不了自己的欲望，就会制造一些事端，让她感觉自己有罪，在他生命中最脆弱的时候，她弃他于不顾。这相当于对她的全盘否定，她希望证明自己跟他的前女友不一样，她肯定不会让这样的事情发生。即便一开始，这个男人并没有这么坏，只是慢慢习惯了被女朋友宠溺，便会控制不住自己，总是挑战对方的底线。在培养一个男人成为渣男的道路上，这样的女性也做出了卓越的贡献。

一个人为什么会长期地忽略自己？

想了解一个人，就要去了解她的历史。这样的女孩往往有一个需要她去操心的原生家庭，从小父亲或者母亲甚至整个家庭都需要得到她的照顾，有的是身体上的照顾，有的是精神上的照顾，她从小就学会了当一名救助者。由于父母的功能不良，家庭生活比较混乱，成人后，当她遇到一个生活上好像也比较混乱的人时，深藏在她的潜意识之中关于爱的感受就会被唤起。

其实我们并不仅仅会被伴侣身上与我们父母相似的“好”的特质唤起爱的感觉，真正唤起我们爱的感觉的是伴侣带给我们的那种过去曾有过的熟悉的感觉。像伊娃这样的女性，没有能力分辨出对方是渣男，她们从小就没有得到过作为孩子应得的爱，却又被训练得要像个大人一样去照顾自己的父母，她对爱的渴望有多么强烈啊！

当爱被唤起后，这样的女性就自动启动了拯救机制，就好像在拯救自己的父母一样。这在心理上就好像构成了一个完整的动作，我当时年纪小，为我的父母做不了太多，我现在长大了，我有能力改变这一切。从这种角度讲，她很难对别人眼中的“正常”或者“优秀”的男孩子动心的。

看到这里，你可能有这样的担心：“我就是这样的人，可我每次都控制不住自己，总会开始这样的恋情，我还有没有出路呢？”就像我上面所说的，对于总是想拯救别人的人，其首要问题是忽视了自己的感受和需要。从这一点来说，要想挽救自己，就要时时练习去感受自己。这里所说的感受包括自己感官上的感受和头脑中的想法。

比如，对方对你说了自己一件很悲惨的事情，你要感受到自己先产生了愧疚感，也要能观察到自己在出现愧疚感之后马上产生的想法：“我要帮助他！”到了这一步时，我希望你先在这里停留一会儿，克制住自己马上要承诺帮助对方的冲动，暂时以“哦”“是吧”“知道了”去替代自己原来想做的承诺。

在这时，我希望你能给自己争取充分的时间去进行个人成长。

当然，也许对方看到你没有反应，可能用更猛烈的方法来要挟你。你唯一要做的就是观照自己的感受，不断地看到自己出现的感受，可以将思绪飘得远一些，看看这些感受在自己的父母身上是如何运作的，想想是不是在你很小的时候就启动了这种自动唤起机制。如果你的脑海中有最初的那个画面，那么请你停留在那里，不断地看着那个画面，感受着那个可怜的小女孩，并且在心里拥抱她一会儿。

与此同时，你需要进行长期的个人成长。你如果是一个不断陷入渣男恋情的女孩子，那么试试在自己的日常生活中运用以下的方法：

1. 每天早起面对浴室的镜子时，看着镜中自己的双眼，告诉自己：“我肯定并赞赏我自己。我值得拥有一个珍爱我的男人。”说的次数越多越好，在上班路上或者一个人时也默念给自己听。当能把这句话反复在脑中回想时，你真的不会再看轻自己了。

2. 尝试不主动帮助别人，学着在一些小事上断了别人要求你帮他的念想。一个可行的方法就是试着每周做一件让别人失望的事，比如故意失约、故意迟到等。这时我们要面对的是随之而来的自动启动的愧疚心，但这些小小的愧疚应该是在我们的承受范围之内的。

3. 将更多的时间分配在能点燃自己生命激情的事上。请对你的日常时间安排做个梳理，将花在自己的兴趣或者热爱的事业上的时间大幅度增加。你会因为提高了自己的生命价值而感到自己是有价值的，当自己的价值感提高后，你就会因为内心有了力量而不再轻易动心。

许多习惯拯救渣男的女性的恋爱过程都分分合合，令人心力交瘁。想改变确实不容易，但在这个世界上，如果你连自己都不珍爱，那么别人又怎么可能珍爱你呢？

好好爱自己，给自己一段空窗期去成长，因为你本来就值得被好好对待。

为什么许多中年女性急于心灵成长，但生活依然不幸福？

在我的咨询者和学生里，有两类女性特别突出，一类是遭遇婚姻危机的全职太太们，还有一类是对婚姻有种种不满的女强人们。这两类看似属于不同的人群，都有一个相同的痛点，那就是婚姻的痛。

全职太太们突然发现，在孩子步入青春期后，一直为孩子做出牺牲的自己重复了自己母亲的命运，既不招自己的孩子待见，老公也离自己越来越远。女强人们发现，自己独立打拼苦撑了这么多年，对家庭的奉献越来越多，但老公对自己的不满也越来越多。她们都很迷惑，不明白自己究竟在哪个阶段出了问题，于是，寻求心灵成长自然就成了一个突破口。

无论是关于心灵成长的书籍，还是关于心灵成长的课程，“70后”和“80后”都是主要的消费人群，这部分人正值中年。

就人生规律而言，一个人的年龄接近了四十岁，就接近了古人所说的“四十不惑”的阶段，这是一个人注意力自然地由外转向内的阶段。当付出和所得不匹配时，一个人很容易产生挫败感，如果这样的挫败感出现在青年人身上，就会激励这位年轻人在原先的模式上加倍努力，从而获得成功。人到中年，我们如果依然采用这个模式，那么往往越努力越失败，于是自然学会了向内看。

从社会环境发展来说，“70后”或“80后”的女性在幼年时接受的是相对保守的传统教育，她们的父母把注意力普遍投向了物质世界，长期以来忽略了她们的个人感受，要求她们抵制脆弱，匹配周边环境。无论是全职太太们还是女强人们，她们都常常忽略自己的感受和需要，去满足家庭其他成员的感受和需要。

当发现这套模式让婚姻越走越难时，这部分人便出现了“向内求”的饥渴。她们突然发现，虽然自己过于依赖别人或过于独立，但内在的那个渴望被爱、被呵护的小女孩其实一直都没有被满足，于是如饥似渴地寻找各种良方来让自己疗愈，让自己吃饱。她们看了很多书，听了很多课，天天想着要疗愈，了解了自己的问题，很努力地去解决问题，但现实生活还是一团糟，甚至因为过多的学习而让家庭气氛更不和谐。

究竟是哪里出了问题？我认识到了如今的局面是过去的成长经历造成的结果，我要变成一个全新的自己，我在努力地自我成长，可先生和孩子为什么反而离我更远了呢？

在与母亲共生的那段时期，孩子需要得到母亲无微不至的照顾，母亲要及时地回应和满足孩子的感受和需要，这样孩子才会有一种吃饱的感觉。一个人如果缺少这种吃饱的感觉，而且在未成年时就独立了，一直没意识到自己从来没吃饱过，就可能一直麻木地生活着。一旦有一个机会让她体会到了吃饱的感觉，让她体验到了被爱、被呵护的感觉，她的内心就会像饿狼一样渴望这种吃饱的感觉，甚至经常上课，来追求这样的感觉，但总是像填不饱一样。

如果一个人学习了心理学，反而让自己变得越来越不幸福，就说明学习的方式不对。很多女性在以前生活得非常压抑，一旦觉醒，希望找回自己时，难免就会产生极度的反弹，就像是从秋千的这一头荡到了那一头，前面亏得越多，后面就要得越多。这样的极端变化会打破原有的平衡，让身边的先生和孩子都难以适应。在这种家庭里长大的孩子，往往特别自我和叛逆。因为母亲自己小时候缺乏爱，又学到了西方心理学的一些皮毛，于是不管三七二十一，无条件地给予孩子过度的爱和纵容，这样的爱其实是一种变相的控制，容易让孩子出现过于自我、无视他人需求、合作能力差等问题。这些女性一旦发现自己在无意识地重复自己母亲的命运和原生家庭的模式，就会感到更加沮丧。

究竟如何成长，才能让生活真正幸福起来？

先看看我们的本质问题，我们对自己的需求不敏感，对满足自己的需求存在羞耻感，从而在婚姻里选择了压抑自己，对自己的需求视而不见，导致婚姻出现了不平等。婚姻一旦出现了不平等，就会出现雇佣、母子等关系模式。我们只有把婚姻里的关系变得平等了，才能纠正原来的问题。

如何让关系变得平等呢？简单来说，就是不能把自己成长经历中没吃够的饭都从现有家庭里找。在现有家庭里，两个人的关系如同独立的合伙人关系，我有能力看见自己的需求，也有能力去满足你的需求；我有能力表达自己的感受，也允许你表达你的脆弱。我们要在事业上和对方并驾齐驱，优势互补，既不做婚姻的寄生虫，也不过度夸大自己对家庭的贡献。在计较自己的牺牲和付出的时候，我们早已得到了很多好处。比如，全职太太们放弃了自己的职业发展，躲在了相对安全的避风港；女强人们付出了艰辛的打拼，同时得到了家庭事务的强势话语权。我们只有承认了这部分“不平等”的本质就是“平等”，才能让自己放下执念，开始成长。

接下来，我们要看到自己在人性上的障碍。我遇到过很多全职妈妈，她们在当初放弃职业发展的时候，虽然是出于照顾家庭的考虑，但在本质上是追求安逸的需要。这样的女性如果面临婚姻破裂，需要重新回归职场，就会很犹豫。职场经历的缺失的确是扣分项，而且曾经的心理情结重新被唤起，就是那份“恐惧”，怕自己应付不了那么复杂的人际关系，怕自己在面对领导批评时抹不开面子，于是畏首畏尾，和当年从职场转身的情景一模一样。只是这一次，没有人接盘而已。这就是一种强迫性重复，以前没做完的功课，几年后披了另一个外衣，重新出现。全职妈妈如果看不到这一点，突破不了这个瓶颈，那么即使再上更多的课，还会重复出现原有的问题。

最后，要真正地回归到自我的中心。当明白婚姻中没有绝对的不平等时，我们就能够看到自己的先生其实也付出了很多，他也许只是不符合我们期待的样子而已。我也一直没有以他所期待的样子存在过，我们俩都需要对这段关系中的问题负责，他负责他的部分，我负责我的部分。

负责任的态度是什么样呢？就是放下指责，全身心地投入到自我的提升上，全然地接纳对方。这样的态度才是女性自我成长的真正要点，而不是一副“我都在成长了，你怎么一点儿动静都没有”的指责样子，这样的你并没有在成长，根本没有开始成长。

中年女性的心灵成长，在如今得到了前所未有的重视，无论对于个人还是整个民族，在本质上都是好事，但对个人来说，更多的是挑战。如果我们可以保持自我觉察，那么幸福与上多少次课其实并没有太大的关系，幸福就在一念之间。

没有直面过痛苦，又何谈心灵的成长？

我曾经参加了一个在泰国海滩边的心灵成长课程。阳光、沙滩和五星级酒店的滋养，让每个人的脸上都洋溢着看似喜悦、平静和幸福的样子。

我和同学们接触了几天，大家互相熟悉之后，我感觉到有些人的笑容总是有些牵强，当聊起一些感受时，有些同学往往转移话题，或“以爱之名”来讲一些大道理。其中一个同学在午餐时跟旁边的同学唠叨来之前是多么痛苦和无助，倾听的同学只听了几句话后就打断她说道：“一切都来源于你自己，是你自己一手造成了现在的结果。”此语一出，原来旁边默默倾听的同学纷纷表示赞成，并向那位倾诉的同学多次重复这句话。那位同学也许第一次见到这样的架势，满脸都是发蒙的表情。

第二天，我在电梯里偶遇到那位倾诉的同学，她整个人好像变了一个样子，满脸都是如同打了鸡血般的喜悦。我好奇她的变化，并发出了疑问。她很激动地告诉我，她觉得大家说得对，“爱”是解决一切问题的方法。我又问：“那你现在怎么看待造成你痛苦的那些人和那些事呢？”她觉得我天分太低，理解不了，就耐心地解释："其实有些事情我们用肉眼是看不到的，这件事情的发生肯定有原因，我要包容它的发生，只要我包容对方，对方总有一天会改变的！"仿佛得到了上天密旨的她，说出来的每个字都让我难以反驳。

她后来知道我是一名心理咨询师，还特意跑过来跟我说："我建议你多上上课，你们做心理咨询师的不就是要帮人们消灭痛苦的吗？你看这样的课，直接就把痛苦消灭了，就是在一念之间就消灭了。真的，你多学学。"

这样的人出现在咨询室里的频率太高了。"爱"是最终的答案，这句话一点儿都没错，只是在学会"爱"之前，我们还需要先学会"感受痛苦"。

我曾经读到过这样的一句话：那些真正的成长是经历过灵魂的暗夜后的重生。我想，这里所说的灵魂的暗夜就是对痛苦切身的体会和领悟吧。当痛苦来临时，人性的本能反应是对抗，因为不接纳，所以要对抗。因为我们本能地认为自己没有错，所以我们愤怒、争吵、据理力争，以战斗的姿态去阻止痛苦的来临。其实这些方法只会让我们陷入更深的痛苦。还有另一种形式，其实也属于对抗，就是我们找一个理由将痛苦合理化，寻找一个上升到人性高度的理由，好让自己彻底在这个理由下顺服，比如自己把所有的责任承担下来，完全迁就包容对方。这样做的后果并不比正面对抗好。在生活中，种种过度付出会让身边人感觉到一种被动的攻击，就如同这样的感觉："你看我都改变成这样了，我都这样包容你了，我都快成神了，你怎么还不识相？"这更容易发展成为道德绑架。一个人如果采用这样的处理方式，就说明根本没有直面过痛苦，潜意识里是把对方看成完全过错方，看似是以一个圣人的标准来要求自己，其实只是在满足自己的自恋。

我们都对爱有着许多美好的想象，我们都是平凡人，做不了神。我们总有一天会在现实中再次感到恐惧、焦虑、愤怒、悲伤，会失望地发现，原来我们的意识层次并没有自己想象的那么高，然后会对自己产生更多的指责和苛责，又退回到了原本的状态，甚至制造出更多的内在冲突。在痛苦出现的时候，我们如果可以直面痛苦，就相当于生了一个小病，去看了急诊。如果我们继续忽略或压抑痛苦，那么总有一天，它就会变成恶疾，让我们真的一蹶不振。

直面痛苦是应对痛苦唯一正确的方式。要认识到自己在为一种关系痛苦，这种痛苦其实是由两个人共同造成的，也就是说，有自己的责任，也有对方的责任，把责任只推给任何一方都是在逃避痛苦。直面痛苦的正确步骤如下：

第一步：觉察

当陷入痛苦时，我们会本能地抗拒痛苦，无论是把责任归于对方，还是归于自己，最终都会陷入更多的痛苦。在生活中，我们已经本能地学会了逃避和转移，当别人说了一句刺伤我们内心的话时，我们往往会忽略它刺伤我们的事实。我们要抓住它，不要去抗拒它，也不要否定它的存在，更不要找另一个理由来掩盖它。当在生活中不断练习时，我们就会发现老天让我们练习直面痛苦的机会实在是太多了，这样练习的结果就是自己的觉察能力越来越强。

第二步：接纳

我们要承认问题是客观存在的，问题的产生有双方的原因，既不过度指责自己，也不过度承担责任。我们要接纳的是自己要承担的部分，也就是接纳自己内在的负面部分，不过度放大，也不刻意缩小。这需要在不断觉察的基础上，用实事求是的态度来面对。

第三步：感受

当发现自己的阴影面时，我们有可能陷入自责、愧疚和不安，或者只是对方的无心之语勾起了我们的自责、愧疚和不安，我们要知道，这些感受并不是当下立即产生的，而是经过了日积月累，我们本能地调取出来的。我们要去感受这些陈年旧痛，最好能想起来曾经在什么时候发生过类似的事情，最早是在什么时候发生的。

第四步：穿越

充分体验这份旧痛带来的感受。与自己的感觉待在一起，并不是件容易的事，这要求我们全然放下想要逃跑的意念。我们不管要和自己的感受待多长时间，都要允许自己去体验这些痛苦的感受，在体验中会有大量的情绪涌现。我们如果换一个角度去审视曾经给我们带来创伤的那些经历，也许就会有更多的发现，这些发现会让我们有了新的愧疚和自责。当这些新的感受开始涌现时，我们能做的就是去体验。在与感受全然待在一起的过程中，总有一刻能让你体会到内心真正的和解以及真正的平静和喜悦。

心理咨询师并不会帮助来访者消灭痛苦，也无法消灭痛苦。可能我们能做的是帮助你觉察和接纳这些痛苦，也就是帮助你理解痛苦在什么时候出现，以什么形式出现，为什么会出现，当事人的认知是如何产生痛苦的。我们不会因为你付了咨询费，就给你糖果吃。如果我只是同情你，或者讲一些“以爱之名”的大道理，那么这并不是对你负责任的做法。更确切地说，心理咨询本身就是个痛苦的过程，这是一个勇敢者才玩得起的游戏。如果我让你一直高兴着，就说明我是个失败的咨询师。对于咨询来说，体验痛苦具有重大的意义，因为症结往往就在那里。我们希望能从咨询中启发你的反思，让你更客观地看待自己，理解自己。

我不会像圣人一样去拯救你，或施舍我的爱心，我更不会教你去学做圣人。我只会帮助你去探索人性究竟在你身上是如何体现的。

成长并不是以你每天体验了多少次喜悦来衡量，而是以你能够多自在地与自己的恐惧、紧张、愤怒、愧疚待在一起来衡量。这才是成长。

请不要用“感恩”来绑架我！

最近在某一个微信群里发生了这样的一件事：某个活动的主办方提前了活动的报到时间，但未及时通知参加活动的人，致使部分人员需要改签机票，以便准时赶上报到时间。参加活动的人提出了异议，因为机票早已订好，改签有许多麻烦，想问主办方有什么解决方案。

主办方并未提出任何解决方案，反而告知那些提出异议的人眼前的障碍是成长的机会。

那些人继续提问，改签必然会造成经济损失，但准时报到又非常重要，问主办方如何处理，但主办方仍未正面提出任何解决方案。

主办方继续回避问题，并给出了最终的答复：“让大家提前到达是为了大家好，感恩大家对我工作的支持，也请大家怀有感恩之心！”

可想而知，此刻那些提出异议的人是多么困惑。

我明明要一瓶纯净水，你却给我一瓶海水，我不但不能喝，还要感谢你。

我曾经接待过这类来访者，他们都有着很深厚的宗教信仰，依然活得很痛苦，究其原因，其潜意识里都有对父母教养不当产生的长期愤怒，但又在教义的要求下一味地对父母顺从，因为教义里说了：人一定要感恩，尤其是对父母。

在这样心脑扭曲的环境中，他们一方面要做许多事来表达自己的感恩，另一方面要压抑自己多年来对父母的不满和愤怒。

于是，愤怒被压抑，从而感到憋屈，更可怕的是，本身就不懂爱的父母甚至会变本加厉地以孝道和感恩来要挟孩子。

我能在咨询过程中体会到他们深深的愤怒和无力，其实感恩绑架离我们并不遥远，有可能在我们的生活中随时可见。

某天在停车场里，我跟先生聊起某个人的说话方式让我感觉特别不好，还未等我说完，我先生就接话说："哎呀，人家做这件事没什么报酬，我们要懂得感恩啊！"

我立刻语塞了。我明明在说对方的说话方式让我感觉不舒服，你却让我对他的其他行为感恩？可这明明是两件事啊！虽然他的本意是在善意提醒我，我却因为得不到认同，硬生生地被压抑住了要表达的情绪，从而对他心生不满。

这是何苦呢？

"感恩"二字是何意思？

"心"加"咸"为"感"，感是一种单纯的心里的味道，这种味道大概就像吃到咸的东西时舌苔会被刺激了一样，心里被刺激了一下就叫"感"。

"心"加"因"为"恩"。心里的很多情绪都有原因，原因有很多，相互包裹，又相互纠缠。

因恩生感叫"感恩"。我的内心有了触动，会产生相应的回馈之情，此为“感恩”。

所以，“感恩”是一种感情，是一种心理活动，而不是一种思维逻辑。

如果一个人常怀感恩之心，在生活中，他的路就会越走越宽，贵人就会越来越多。谁不喜欢知恩图报的人呢?

感恩只能靠自动自发而来，凡是统一、强制向特定的群体感恩，很容易让人反感。

我有一位朋友跟我说过：“我不需要我的小孩对我感恩，她不欠我任何东西。当初把她带到这个世界，是我和她妈妈的决定，并没有经过她的同意，这个选择是父母做的，父母理应为自己的决定负责。养育孩子的确辛苦，在决定要孩子之前就应该想到。作为父亲，我在抚养孩子的过程中获得了很多快乐和满足，孩子给我的、教我的，远比我给她的、教她的多。”

这才是明白人。

凡是这样的明白人，他们的孩子都懂得感恩，而那些口口声声念叨要孩子感恩的人，他们的孩子却不一定懂得感恩。如果你没有把感恩落实到自己的日常行为中去影响孩子，而是要求孩子感恩，那么这样的家庭怎么可能有爱呢?当你用自己的爱来给孩子投资，并要求孩子来感恩时，你的爱是多么庸俗。

最近有一个心灵成长机构的培训被曝光，他们打着感恩的旗号，目的在于催泪，特别是对于年轻人，甚至青少年，一定要让他们在自己父母面前涕泪横流，甚至下跪抱头痛哭，这样主办方的目的才达到了。因为情感的闸门一旦被打开，人的心理防备就会弱到极点，这时你不管卖什么，学员都会掏钱。在这个过程中，有人如果拒绝参与或稍有走神，就会被群体批判为没有感恩之心。

这就是传销的传统套路，是对真正感恩的不尊重。这里的“感恩”只是一种被利用的工具，那些所谓的感恩教育者们，利用这个工具进行道德绑架，最终达到自己的商业目的。

我们堂而皇之地用感恩来训导别人，要么是为了掩盖自己的问题，要么是在潜意识里表达对方的行为不符合我们的预期，要么是为了达到自己的商业目的。

我们可以要求自己常怀感恩之心，但不必要求别人感恩。

父母让孩子懂得感恩之心从来不是靠要求，而是要靠家中充满爱的氛围。父母懂得感恩，孩子自然学会感恩。

家是一个最让人放松的地方，我对你付出爱，并不要求你回报，因为在付出爱的过程中，我已得到爱。

朋友是否懂得感恩，并不需要我们来评判。也许有时我们只需要表达自己的情绪和寻求感情上的认同，但不能因此就被贴上不懂感恩的标签。在给别人定性之前，要先了解人性。

我懂得感恩，但拒绝被感恩绑架。

生命可以重建

佛说弹指间在我们脑海中就有数百个的念头出现和消失，只是我们自己并没有意识到，那些不被我们意识到的念头在影响着我们生活的方方面面。这些不受控制的念头到底来自哪里呢？

美国杰出的心理咨询专家、杰出的心灵导师、著名作家和演讲家露易丝·海在其名著《生命的重建》中为大家揭示了身心和谐的心理模式，她认为每个人都有能力采取积极的思维方式，实现身体、精神和心灵的整体健康。

书中揭示，我们小时候在与父母的互动中确立了许多信念：“我只有这样做，才能让他们高兴。”“我如果发怒，就说明是个坏孩子。”这样的信念会影响我们成年后应对这个世界的方式，不仅如此，我们也会重复父母的情感模式，因为这代表了我们内心深处对“家”的认同和忠诚。

等到有一天，当发现曾经的生活带给你如此多的限制、伤痕和痛苦时，你便走上了痛恨、接受、谅解的道路。这条路走起来非常难，而且更难的还在后面。我可以原谅父母当年因为无知而犯下的过失，也可以原谅他们曾经给我带来的负面影响。面对父母给我们带来的问题，我们究竟应该如何去修正呢？

我们不管出了什么问题，都要回到当下来看看我们的问题，如果我们因为某些经历而认为自己是个自卑的人，这种思想就会制造出一种感受，让我们失落地沉浸在这种感受里。可是，我们如果没有这种思想，就不会再制造这种感受了。有时我们会习惯重复某一种思维模式，虽然在表面上看起来当时没有其他的选择余地，但事实上，这都是我们自找的。对于过去发生的事情，我们无法改变。我们如果还拿过去发生的事情来惩罚自己，就说明非常愚蠢。所以，改变就在当下，让我们一起看看究竟该怎么改变。

首先，问题真的是问题吗？我们因为没有达到父母的要求，成年后没有达到其他人的要求，就会产生惭愧或羞耻的感受，甚至萌生一种想法："我的确不够好。"这样的想法会让我们变得自卑，甚至让我们真的变得越来越不好。所以，感受没有错，错在我们不断强化的思想上。

所以，我们所看到的问题本身并不是问题，往往是头脑里的信念有问题。

比如：

认为自己存在经济困境的人，他的信念可能是"我这个人不应该有钱"。

认为自己没有朋友的人，他的信念可能是"没有人爱我"。

认为自己在工作上有问题的人，他的信念可能是"我做不好"。

认为自己总在取悦他人的人，他的信念可能是"我永远找不到自己的路"。

……

既然如此，我们就能找到对应的方法，因为不管问题是什么，都有它的思想根源，但思想根源是可以改变的！

如果我们相信那些信念，那些信念就会变成真的。我们时常会说“我一直就是这个样子的”或者“事情就是这样，不可能改变”。有些人如果在早晨看到窗外下雨了，就会说：“啊，这是多么令人讨厌一天！”其实这一天并不令人讨厌，它只是一个雨天而已。如果我们想过快乐的生活，就应该去想快乐的事情。我们如果想过富裕的生活，就应该去思考财富的本质。我们如果想得到充满爱的生活，就应该追求爱的真谛。我们输出的思想或语言会以同样的形式返回到我们这里。

接下来，我们看看该做些什么？现在要进入我们头脑中的每一间房间，检查里面存放的思想和信念，进行大扫除。有些东西是我喜欢的，所以我要擦亮它们，使它们更加有用。有些东西需要更换修理，我就要抽出时间来做这些事。

首先，你要做一个练习。你先对自己说一个肯定句：“我愿意改变。”当你把手放在喉咙处，感受到说话时喉咙的震颤时，改变就会发生。如果这一步对你来说很难，你就可以走到一面镜子前，凝视你的眼睛，触摸你的喉部，大声对自己说十遍：“我愿意放弃所有抵抗。”镜子前的工作会非常有效。当我们还是孩子时，那些负面的话语就是父母盯着我们的眼睛说出来的，有时或许是用手指着我们说出来的。当面对镜子看到自己时，我们也很想说出消极的话。看着自己的眼睛，说出积极的宣言，这是最积极的解决方法。

接下来，做一个深呼吸，让身体放松，然后对自己说：“我愿意放松，我愿意释放所有的紧张，我愿意释放所有的恐惧，我愿意释放所有的内疚，我愿意释放所有的悲哀，我扔掉了所有的限制性思维，我放松，我平静了。我平静地面对生活，我是安全的。”

然后，把你的头脑里的事情像大扫除一样扫一下，把你要清除掉的所有事情列在一张清单上。去宽恕可以宽恕的人，去化解怨恨着的人，当然，这本书介绍了大量的方法，大家可以自己参考练习。

当把你的房间清扫得差不多的时候，你可以在你的房间里建立起新的一切。记住，你把注意力放在哪里，哪里就会成长。你对不想要的东西想得越多，你拥有的不想要的东西就越多，你所不喜欢的东西就会一直跟着你。远离不想要的事物，把注意力放在你真正想要的事物上。

所以，看着镜中的自己，说：“我喜欢并赞同我自己。”自我赞同和自我接受是通往积极改变的必由之路。当你能够做到每天重复这句话三四百遍的时候，哪怕你一开始不敢坚持，重复的力量也会慢慢地把这句话植入你的潜意识。慢慢地，你会开始思考那些让你快乐的思想，并在不经意间慢慢实践它。

这本书的作者每天都会做一个早功课：每天醒来时，在睁开眼之前，她会先感谢一下床，因为它给了她一晚上的好睡眠，然后继续闭着眼睛，用大约 10 分钟的时间来感谢生活中出现的所有好事。她会做一个一天的计划，告诉自己所有的事都将顺利进行，而且她会乐于做每一件事。这就是她起床前冥想或祈祷的内容。

也许你会觉得这些方法看上去好像很简单，也会质疑它的有效性。你可以看看作者的经历：露易丝的童年极其困苦，自幼父母离异，5 岁时遭受强暴，少年时代一直受到凌辱和虐待。她后来逃到纽约，历经坎坷，成为一名时装模特，并与富商结婚，14 年后被丈夫抛弃，后来又身陷癌症。就是这样一位女子，通过自己的摸索和学习，在十多年后不仅把自己从谷底救了起来，身心痊愈，而且成为著名的心理专家，帮助了无数人。她将这一生的理论和实践精华浓缩成了这本貌不惊人的书，帮助了千千万万个人通过自己的力量提高了生活质量。她的经历就是这本书最好的背书。

改写人生剧本，成为独一无二的自己

跟老公在小区遛弯时，他聊起了他认识的一位学长某天意味深长地教育他："要多花时间去各种场合社交，要拓展不同的资源和人脉！"我随口问了句："他多大岁数？""50 多岁吧。""如果他在 30 岁说这些话，我就会觉得很正常；如果他已经 50 多岁了，我就会觉得有些悲哀了。"我脱口而出。

这是我自己的体会。在 20 多岁时，我在上海的南京西路上班，周围的写字楼林立，身边的年轻人都说着一口道地的英语，那时我的梦想就是到大公司上班。于是，我有很长一段时间刻意想进这样的圈子，交若干高大上的"朋友"，听他们聊那些 500 强企业的奋斗故事，咀嚼他们的不易，把他们当成我奋斗的目标。随着年龄的增长，我逐渐意识到使一种交往具有价值的不是交往本身，而是交往中各自的价值。

近几年，我做的工作与以往完全不同，一周最多只社交一次，其余的时间除了分给心理教育和咨询的工作以外，还用在了看书、写作和持续学习上，而且学习的成果马上就可以转化为工作成绩，目标单一却高效。有时我甚至连着好几天不用下楼，不用跟人客套，想到好友时立即聊几句，或即兴一聚，内心丰富且喜悦。

现在看来，自己的人生似乎走了一段很长的弯路，在上学时，没有机会去读那些“无用”的书，甚至连完整的一本武侠小说都没看过。那时候父母唯一允许我看的就是看言情电视剧。我觉得，剧中夸张的戏剧冲突、限制性的想象、单一的价值观、算不上深刻的人物刻画，对我的成长弊大于利。偶像言情剧的好处就在于，它们吸引了青春期的孩子，让他们合理地投注了自己的幻想，除了这点作用外，就没有其他作用了。

我在大学时最喜欢的科目是马克思主义哲学，因为它是唯一让我开始思考人生意义的学科。我特别想读中文或者英文专业，结果被告知“一旦选择这样的专业，大学毕业后只能做一辈子秘书”，当时觉得很无奈。之后，我选择了自己不喜欢却符合家人期待的专业，为了满足这个专业的要求，而一再去考取相关的技能证书。就这样，我看似努力了很多很多年，但并不能通过这份工作过上我想要的生活，继而再去深造，寻找到了一条差异化最小且与自己的性格优势吻合度更高的工作。就这样，又过了许多年。

我唯一感到庆幸的是，自己并没有在做无效的努力时浪费掉恋爱的时光，至少收获了美好的回忆，即便在那些心碎的瞬间流过千金难买的眼泪。

人到四十，我开始真正相信自己的内在智慧。我庆幸我的中年危机来得比别人更早些，也许老天实在看不下去一个人在错误的道路上越走越远吧。五年前，事业上的瓶颈让我痛苦不堪，我在痛苦中四处寻求内心的解药，却意外地踏上了自我探索的旅程。对我影响深刻的练习，一是回忆自己童年时印象最深的画面，二是思考自己做了哪些事，才能在辞世的那一刻不留遗憾。

两个答案我几乎脱口而出，但在做这个练习之前，我的意识里从未出现过它们。第一个答案是：在我四岁的时候，自己坐在小板凳上，看着周围走过的邻居和陌生人，思考着："他们与我有何不同？每个人将会怎样度过一生？"第二个答案是："我希望留下一些作品，是对人们真正有帮助的文字。"

思考清楚那两个问题之后，我走上了现在的道路。这条道路，其实早在我四岁时，就已经有了雏形。

你如果正在为现在的人生而苦恼，觉得空有满身的力气，不知道怎么才能打出漂亮的拳头，那么不妨去看一下，你现在所做的是不是你内心真正想做的。我给大家提供几个步骤，可以让你更好地去发现你的内在智慧，至少可以有一个模糊的概念。

第一，问自己的梦想是什么

首先，问一下自己："你的梦想是什么？"不必匆忙回答，可以在极其安静的时候，按照内心浮现出来的声音回答。或者，再进一步问自己这些问题，以帮助你更好地倾听内在的声音：

"我一直想要成为什么样的人？"

"让我的生命富有价值的事是什么？"

"假如我的生命接近尾声，我会后悔我不曾拥有什么？"

"我希望得到人们对我的奖赏，我希望别人认可我的哪些方面？"

也许你会写下不同的梦想，没关系，将它们写在纸上。

然后，去做一些人格特质的测试。我们对自己的了解往往停留在意识层面，人格特质测试也许能帮助你破除那些自以为是的想法。

第二，找出自己的优势技能

我喜欢写作和阅读，我能迅速地找到问题并解决它，我能表达内心的感受，也能感应到他人的感受，这是我的优势技能，我相信你也有独一无二的天赋。

第三，从中找到你自己的人生目标

最后，把以上内容整合，找出交集点，你肯定能从中找到你自己的人生目标。对我而言，这就是生而为人的意义。确定这个目标的可行性，然后根据实际情况分解为长期目标和短期目标，接着再按照 SMART 原则依次拆解，最后去做就好了。

我相信大多数人按照这个框架去探索自己并不是件困难的事，只是我们会害怕未知的将来，也会舍不得自己脚下辛苦走过的路。我个人的体会是，人生的每一步都不是偶然的，也不会白走，每个人都有着先天的局限性，而那些先天的局限性会影响将来人生的每一个选择。

假如人生能够重来一次，时光能够倒流，我依然无法改变我降生的家庭，我必然会受到同样的教育，也会在同样的限制下，做出同样的人生选择。这并不代表曾经走过的每一步都是白费的，前四十年打下的良好的行为习惯和能力，比如坚忍地完成每一个目标、果敢的决断力、在阅历中产生的超强直觉等，这些习惯和能力都是我现在热爱的事业的基础，都是走过的那些“弯路”后留下的财富。我的行业经验的确比从大学毕业后直接工作的人少，仍然需要持续不断的学习，只是现在要学的是技术，人生的体悟是比技术更重要的“加速度”。

我还意识到，其实年轻时谈的每一段恋爱都不会白谈，就算没有开花结果，也最终让我明白，我真正的敌人并不是我的伴侣，而是内心无法做自己的恐惧。每个人都会害怕未知的事物，会把对未知事物的恐惧编织成想象和期望投射到伴侣身上，责怪伴侣其实说明自己无法面对自己。

好在有这么多的人生榜样，可以给自己更多的勇气。

人生根本不需要重来，只需要从现在开始。

生命愉悦的关键在于发现自己独一无二的剧本，并由衷地热爱和实现它。

命运究竟是如何在我们身上起作用的？

一旦你将你的优先次序从“拥有－行动－存在”改变为“存在－行动－拥有”，你的命运将会掌控在你的手里。

——萨古鲁

命运是如何形成的？

我们以为自己被命运所掌控，其实可能只是受到我们自己眼界的限制，也就是说，我们不知道自己不知道很多事。自古至今，我们对事物的认识水平得到了很大的提高，逐渐摆脱了命运魔爪的控制，明白了我们自己是可以决定大部分事情的。我们对作用在当前处境的各种力量并不是那么了解。对于不了解的事物，我们可能仍然说这是命运的安排，这只能说明我们没有真正了解真相。

一百多年前，一位著名的心理学家发现了一种心理现象，叫“强迫性重复”。

一个人际关系不好的人，他可能最初只跟一部分人关系不好，只有一部分人不喜欢他。慢慢地，由于强迫性重复的力量，他会不自觉地制造一些事件，让更多的人不喜欢他。换句话说，他会下意识地教会越来越多的人不喜欢他，以便强迫性地重复那些痛苦的体验。

我们经常听到一个词“Loser”，特指在生活、工作等方面都很失败的人，这样的人其实掉进了强迫性重复的旋涡。关于他的坏消息隔段时间可能就会出现一个，我们如果不了解情况，就会感叹一声：“他怎么那么倒霉！”我们如果在他身边，也许就能看到他自己是如何种瓜得瓜的。我们无论怎么提醒他，都眼睁睁地看着他重复和之前一样的行为模式。这时，我们只能感叹一声：“唉，这就是命啊。”

荣格说过，我们觉察不到的东西构成了我们的命运。我们之所以觉察不到，是因为受限于认知和眼界，还受制于我们自己人格的阴影。

当看到别人一手创造自己命运的时候，我们其实也参与了他的命运的创造，参与的方式就是我们自己并未觉察到的强迫性重复。于是，我们才会遇到这么多人来跟我们配合演出，才会有一场场高潮迭起的人生大戏。

我是谁?

我们先把别人的强迫性重复放一放，找到自己的阴影才是关键。

你应该明确真正的你是谁。当你在说“你自己”的时候，其实你说的是那个跟很多东西联系在一起的你，比如你的身体、头脑、房子、汽车、丈夫、孩子、宠物、教育、生意、权力等，所有这些都是印象的累积物，你将它们认同为你。这时候，你自己就是一个很散乱的人，不是真正的你。当你不再把任何东西认同为自己时，你的命运才是自己的。

我是一个怎样的人，我的个性，我的一切，都来自我的生活留给我的各种印象的复杂叠加。这就像一个软件程序，已经把生活的程序编好了，这就如同所谓的“业力”。我接触到的任何事物都会留在我的头脑里，甚至在我的身体里留下了印记。我的身心如何运动，我的能量如何运作，都是过去“业力”的结果。就连我怎样移动我的身体，其实都已经被编入了程序。

基于这些印象，我发展出了心智模式，这些模式通常是无意识的。

就像上面提到的那个人际关系不好的人，追溯到他的童年，也许他的父母并没有善待他，这让他以敌意的方式对待人生中遇到的每一个人。他没有觉察到，在他的无意识里，他将别人与自己对立起来，从而让别人一直不喜欢他。我们不妨再深入思考一下，也许他的父母如此对待他的原因正是他本来就存在这种敌意的模式，也就是说，或许他在出生时就已经戴上了别人会与他为敌的有色眼镜。

命运由人格决定，人格是由先天基因和后天养育共同推进演化而成的。过多地追忆曾经发生在自己身上的事件并无太多的意义，因为它们不管本来就是我的，还是后天流经我这里的，都已经成为我的一部分。重要的是，我如何去看见那些阴影，从而改写命运？

如何有意识地改变生活呢？很多事情注定会发生，因为潜意识对人的影响非常深。你如果决心要改变命运，就可以多去尝试。不过，一些重要的人生事件仍然会自然地发生。然而，一旦我们能够发挥自己的内心力量，就可以改变生活的进程，因为我们改变的是如何面对这些自然发生的事件的态度。

生而为人的意义何在？

归根结底，你需要找到你自己，需要了解你的兴趣和热情究竟在哪里，你要去做你真正想做的事，你要清楚自己到底信奉什么样的价值观，是一个什么样的人。在你成为自己的路上，你将有机会遇到对这些事一样感兴趣、对这些价值观一样认同的人。在这些人中会有你的挚友和爱人。

你感到找不到人生伴侣，多半是因为你还没有弄清楚自己是个什么样的人。

真正的遇见是你不知道你们之间将会发生什么，你们一起经历一段人生，你在命运的无常面前臣服，接受你们之间的每一刻和每一种可能。

你生命中的每个人的出现和离开如同四季一样，有自己的时节，有时出现，有时离开。他有可能只出现一天，也有可能相伴一生。你只需要珍惜每一个尚有机会珍惜的日子，然后静待命运的宣判。

我们身边很多人有试图控制局面的执念。在天地之间，我们的意志是多么渺小，我们如果能够认识到这种渺小，就能用一种通达的心态去接受无法控制的事。

命运会偏爱一些修行或向内觉知的人，因为这样的选择会让这些经历变成一个淬炼的过程。现实的情况是，人们不管对内在有什么样的选择，面对外在事件时，都只有一个选择，那就是让它发生。对那些少了内在求索的人来说，这些事件如同灾难。有些苦难，我们无法避开，也无法避免陷落。若是能做到对陷落中的自己多一些友善，对陷落中的他人多一些陪伴，便是我能想到的最好的选择了。

Postscript 后记

爱在灵魂暗夜处闪光
——心理咨询师经历的抗疫故事

“老师，我现在完全是蒙的，我什么也干不了。”她满头是汗，半染的黄色短发乱蓬蓬地贴在脸颊。她背着光，我通过手机视频看到背景有个灶台。

“你可以告诉我现在身体有什么感觉吗？我看到你出了好多汗，感觉很热吗？”我并不知道她曾经发生了什么事情，看到她恍惚的状态，我第一时间要做的是将她的思绪拉回到现实中，聚焦到她的自身上，这是帮助她的最好方法。

“对呀，我现在一阵阵出汗，脑子乱乱的，感觉特别没劲，坐不起来，不知道该干什么。”

很好，看来奏效了。

“你可以跟我说说看吗？你现在面前有些什么？”让当事人去描述她所在的环境，描述得越具体，对她的帮助就越大。

“我面前有一堆菜。我刚从菜场回来，但我现在脑子是蒙的，老师，你知道吗？我现在不知道我该做什么。我现在满脑子想的都是我妈到底什么时候能排上床位。”她的眼睛已经看向摄像头了。

很好，她已经被拉回现实了。

这是这位女士进行的第二次咨询。自从与她同住的65岁的妈妈被归入疑似病例以来，她的全家开始被隔离，在被隔离的第三天，她开始寻求心理支援服务了。

“好的，你现在在厨房里，你面前有一堆菜，你能告诉我放在你面前的是什么菜呢？”我继续引导她。

“我一早买了豆角、土豆、西红柿、萝卜、鸡蛋，还买了猪肉。”随着视线的推移，她把一个个菜名报给我听。

“哦，买了这么多啊，你想烧什么菜呢？”

“我不知道，我买了这么多菜后就蒙了，我原来想得好好的，准备烧一桌子菜，这一阵每天我都要做一桌子菜，我的压力太大了，一天三顿饭都由我来做，还要惦记着医院里的事儿，我妈到底怎么办啊？”她又开始出现情绪了。

“嗯，是的，在这个时候，你有很多很多担心，你在这个家里特别重要，你要为这个家做这么多事情。你看咱们这样好吗？咱们先不要想做一桌子菜的事儿，咱们给自己减个负，少做点菜。你看着眼前的这些菜，你觉得你能做什么菜？”我再次努力把她拉回现实。

“不行啊，我不知道，我什么都想做，但是我好像不知道该怎么做菜了。”她的思绪回来了，又陷入了沮丧。

“我给你一个建议吧，你觉得西红柿炒鸡蛋怎么样？”我记得她说买了西红柿和鸡蛋。

“哦，好像行，这个简单，我能做。”

在接下来的二十分钟里，我不断努力地将她拉回现实，聚焦在具体的小事上，确切地说，聚焦在她能力范畴之内的小事。

在此期间，她慢慢地从地上坐起来。在阳光的照射下，我看清了她的脸，她脸上的汗水可能还混着一些泪水。结束视频的时候，她笑着对我说："谢谢老师，我好像又有劲了。"

这是我在某心理平台组织的武汉抗疫心理志愿服务中，接的第二个咨询。大年初五，正是一片混沌的时候，人们对病毒一无所知，充满了对防范的茫然和对未知的恐惧，以及对自己和亲人的担忧。大家只能盲目地猜测未知的世界。在这种情况下，如果某个家庭被近距离地卷入这样的事件，那么这家人就容易出现像这位女士的应激反应，就需要进行危机干预。

当危机事件发生时，每个人都会害怕、恐惧、焦虑，这些情绪都是非常正常的，换句话说，没有情绪才不正常。因为负责产生恐惧的杏仁核，深藏在我们的脑干中，它保护着我们，对应激事件做着反应。比如说你在郊外看到了一只老虎，你的第一个反应肯定是逃跑。一个人如果面对老虎时临危不惧，那么肯定不是一个正常人。

面对这种闻所未闻的病毒时，每个人出现的情绪波动都是出自本能的。如果一个人的内在人格基础是比较稳定的，那么他在恐惧的同时是可以保持理性的。

如果一个人的内在人格基础比较脆弱，那么他有可能表现出过度的焦虑紧张，就像文章开头这位女士呈现的状况，情绪已经将她的思维淹没，无法在现实中做到理智了。这个时候帮助她的最好方法就是将她的情绪和理智拉开距离，让她的思维回到当下，让她去做一些力所能及的小事儿。

从事危机干预工作，对于我们每个心理咨询师来说都是极大的考验，因为我们的内心也有很多恐惧，我们在支持对方的过程中，不自觉地会受到对方的影响，所以这次的心理志愿服务采取轮班制，我坚持工作了五天，之后花了将近一周的时间，让自己从恐惧中慢慢地走出来,继续享受和父母在一起的时光。

上一次回家还是两年之前，鬼使神差，我这次没有订回程的机票，这是十几年里第一次没订票。随着疫情的发展，这个西北小城的管控越来越严,我陆续接到了街道和居委会的电话，通知我要报体温，并且嘱咐我在 14 天以内不要出门。

在我做完前线的心理援助一周后，疫情愈演愈烈，每天被各种新闻消息塞满，心情在无助和感动之间摆动。

某一天中午，父亲突然说他发烧了，体温 37.5℃ ，家里的空气好像瞬间凝固了。

母亲在第一时间戴上口罩，戴上手套，把父亲关在卧室里，开始在客厅和其他房间拿着 84 消毒液进行全面消毒。

我找到上海的医生，通过电话沟通父亲的病情和中招的可能性。

西北火辣的阳光照在客厅的沙发上，炽热火烫，自己的身体却笼罩着上周在做志愿者时从来访者口中所传达的那种恐惧中。

我隔着房门，和父亲对话：“爸爸没去过湖北，没出过家门，肯定不会得病。”

父亲淡定地说：“早上开窗换气的时候，有一股妖风，我就觉得不对劲儿。”

我们俩像在客观分析，又像在彼此安慰。

父亲服完退烧药后，第二天早上体温渐渐回落。母亲依然不依不饶，不许父亲走出房门。我能理解母亲的紧张心情，在这个过程中，我不断地跟她解释生这种病必须具备的条件。在她紧张的时候，我帮助她练习深呼吸，但似乎这一切都无法让她从紧张中平静下来。

在一个午后，母亲突然从餐厅出来，跟我隔着两米远的距离，问道："你说你是不是那个无症状感染者，你没事，你把你爸给传染了？"血一下子涌上了我的脑袋，我做了深呼吸后，跟她解释，我回家已经20多天了，即使14天以内没有症状，那我现在也早该发病了。

从母亲的眼神里，我知道此刻的解释都是白搭。母亲似乎掉入了猜疑的陷阱，继续喃喃地说："可能你就是不发病。"

我本来就在担心害怕，本来就在隐隐的自我怀疑中，听到母亲的话，我猛地站了起来，说了句："那我走吧！"我冲进自己的房内，开始收拾行李。

母亲被我突如其来的举动吓住了，马上来拖住我的行李，于是两个人开始了激烈的争吵。

但我们争吵的内容其实和这个新冠病毒没什么关系。

母亲在诉说她的焦虑、担心，以及她对家庭的付出却得不到理解的委屈。我在抗议母亲这么多年只知道沉浸在自己的焦虑和担心里，没有看到我和父亲用我们的方式在承受着她的情绪。两个人吵得不可开交。

20分钟后，争吵渐渐平息下来。母亲似乎冷静了很多，对我说出了让我非常意外的三个字："对不起。"

其实我们都知道我们并不是在为新冠病毒而争吵，新冠病毒只是一个导火索，争吵只是为了释放原本紧张的压力。

在母亲质疑我是否染病的那一刻，我被挑起的其实是几十年来积累的不被信任的委屈。而在母亲对我说出“对不起”的那一刻，我心里的那些埋怨瞬间消散了。

我和母亲安静地坐在一起，慢慢地对她说，我看到了她的付出，对她的表达方式感到痛苦，心疼她的坎坷人生。在那短短的半小时里，有一股神奇的力量在我们彼此之间涌动，就像是将以往母女之间的羁绊做了一次清理。

我终于体会到了那句话的含义：“我们终其一生都在等父母的一句道歉，而父母也在等我们的一句感恩。”这场和解来得如此意外，我很庆幸我和母亲都勇敢地走出了这一步，而先往前走出的一步的是我的母亲。

第二天，我病了。

我开始出现水土不服（不适应北方暖气）带来的上火症状，口干舌燥，鼻子发干，进而发展成喉咙痛，又由于没摸透北风的威力，在一次窗前吹风后，开始发烧了。母亲好像变了个人，没有了之前的紧张焦虑，在我都开始怀疑自己中招时，不断地给我吃定心丸：“你都憋在家里快一个月了，肯定不是新冠肺炎，你就是嘚瑟着凉了。”

我到现在都不知道是不是潜意识的需要才让我生那场病，总之在接下来的三四天时间里，我像退回到小时候的自己，充分享受着母亲在我身上实施的各种民间疗法，比如拔火罐、艾灸、草药泡脚等，终于在出了几身汗后，慢慢痊愈了。

上一次像这样被母亲无微不至地照顾，估计是在25年前。

新闻里不断传来关于疫情的好消息，在我准备确定回程的前一天,有一位已经做过十次咨询的女性来访者向我预约咨询。

在我做心理咨询师的经历中,经常会发生同频共振的事件。比如这位女性来访者，她以前曾经非常清晰地跟我表达过，她无法原谅曾经出轨的老公，她准备学着一个人去面对自己的生活，但是这次突如其来的疫情改变了一切。

她对我说，有一天她按照我教给她的方法，跟孩子一起用玩游戏的方式学习如何面对病毒。在这个过程中，三岁的女儿突然问爸爸：“如果你被病毒打中了，如果你死了，那么我和妈妈怎么办？”她老公被突如其来的这些问话问蒙了。

第二天，她收到她老公写的一份长长的清单，那个清单里面写着一些银行卡账号和密码，以及他的手机、电脑的账号和密码，还有其他一些重要的事件，以及照顾彼此父母的嘱托。看完最后一行，她的泪水已经打湿了那张纸。

在疫情最紧张的那些日子里，她的老公总是每天全副武装地出门买菜，一开始非常笨拙，连韭菜和葱都分不清楚，但每次都尽心尽力地去置办。回到家时，他不敢立即进门，在门口自己进行全方位的消毒，等够 15 分钟后再进门。

有一天夜里，这位女士轻轻地叹了口气。老公转过身，把她拥入怀中。接下来，在憋在家里一个多月的时间里，两个人进行了很多次彻夜长谈。

“周老师,我准备重新开始,给自己和我的未来一个机会。”她在电话里这样告诉我。

2020 年的春节对于我们每个人来说都是毕生难忘的，在这样的巨大灾难之下，除了前线的医护人员在拼命，其实我们每个人都在用自己的力量来承担这份灾难，用自己的行动去承掸掉落在我们身上的微尘。

很多人的人生被这场疫情改变，很多人看世界的角度被这场疫情影响，也有很多人，就如我故事当中的主人公们，被这场疫情逼得躲无可躲，藏无可藏，不得不面对原本不敢面对的问题，在消沉焦虑中拷问自己，去袒露内心最深的脆弱。

在这个过程中，我惊喜地发现，爱就在灵魂最暗处闪光。

写这篇文章时，正是我的这本书最后校印阶段。我的责编尹红侠老师提议我写篇后记，可以给到受疫情影响的婚姻和家庭一些建议。我想了很久，最终把后记写成了这个样子。其实不管疫情是让人急于离婚，还是使感情迅速升温，从本质上来说，疫情都只是一个放大镜或者催化剂。它会帮我们去除浮尘，发现本质。如果我们本来就存在很多问题，那么它能帮助我们迅速清理，重新整装待发。如果彼此本来就深刻联结，只是被误会和积怨蒙蔽，它就会帮我们擦亮眼睛，去看清彼此爱的本质。

虽然我不会感谢疫情，但我会感恩这段经历。也许爱从来没有离开过，只是在等一个机会，让我们去看见它。